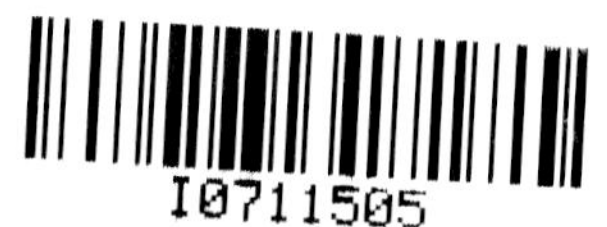

Den bästa söta kattmålarboken för vuxna

Tack så mycket för
att du köpte den här
boken, om du gillar
den får du gärna
lämna en recension
Ärligt
Wilcher Eagle

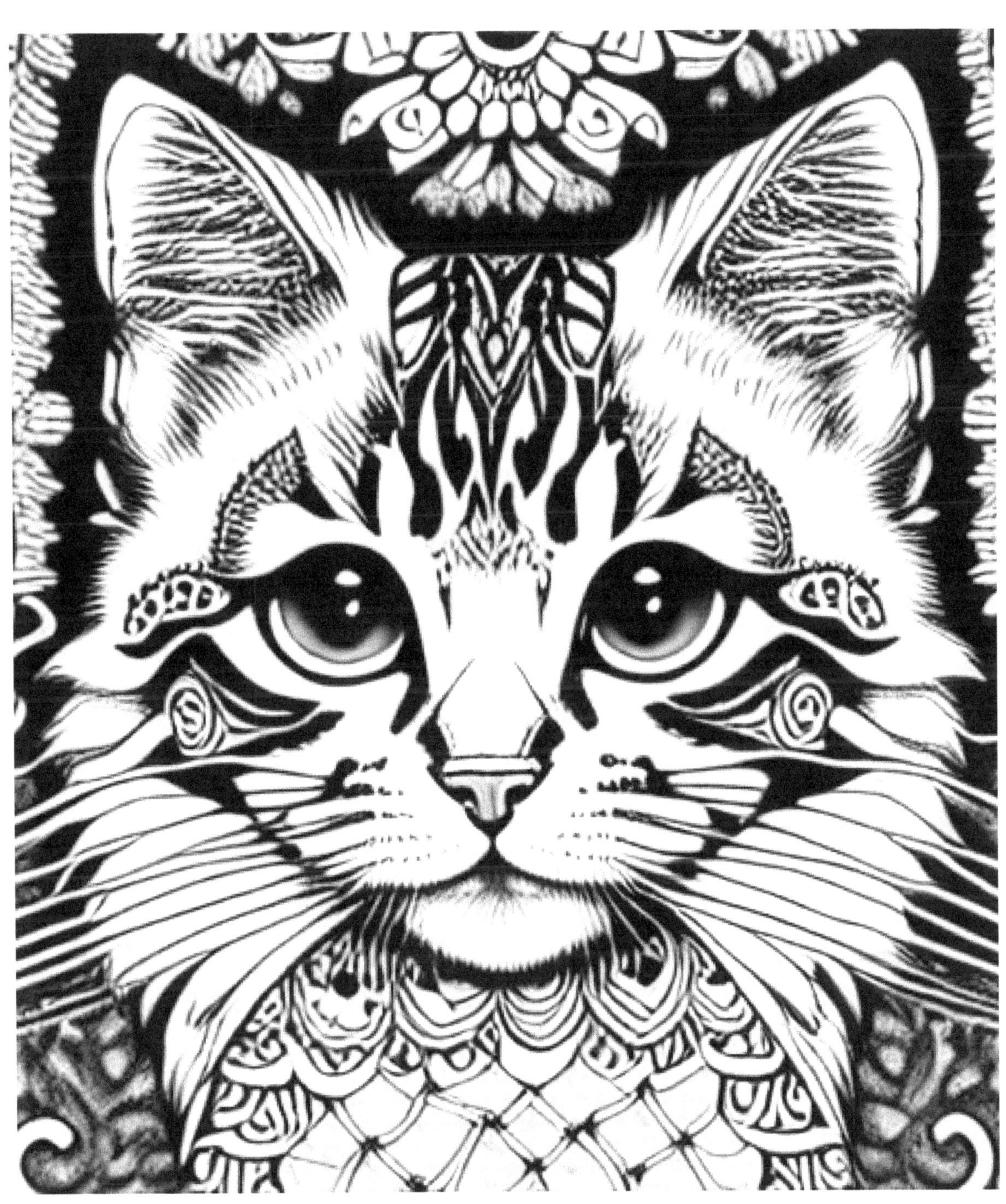

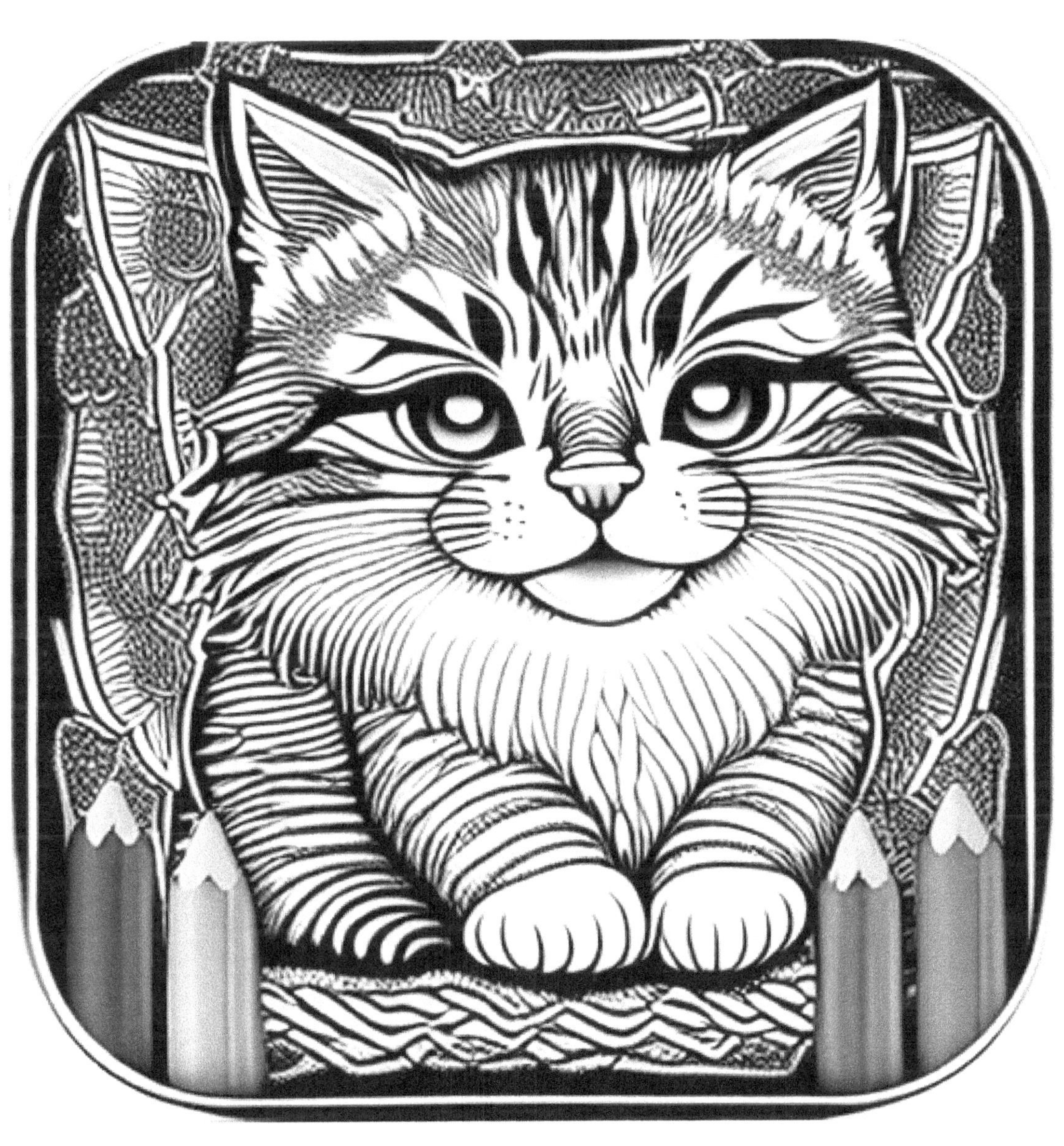

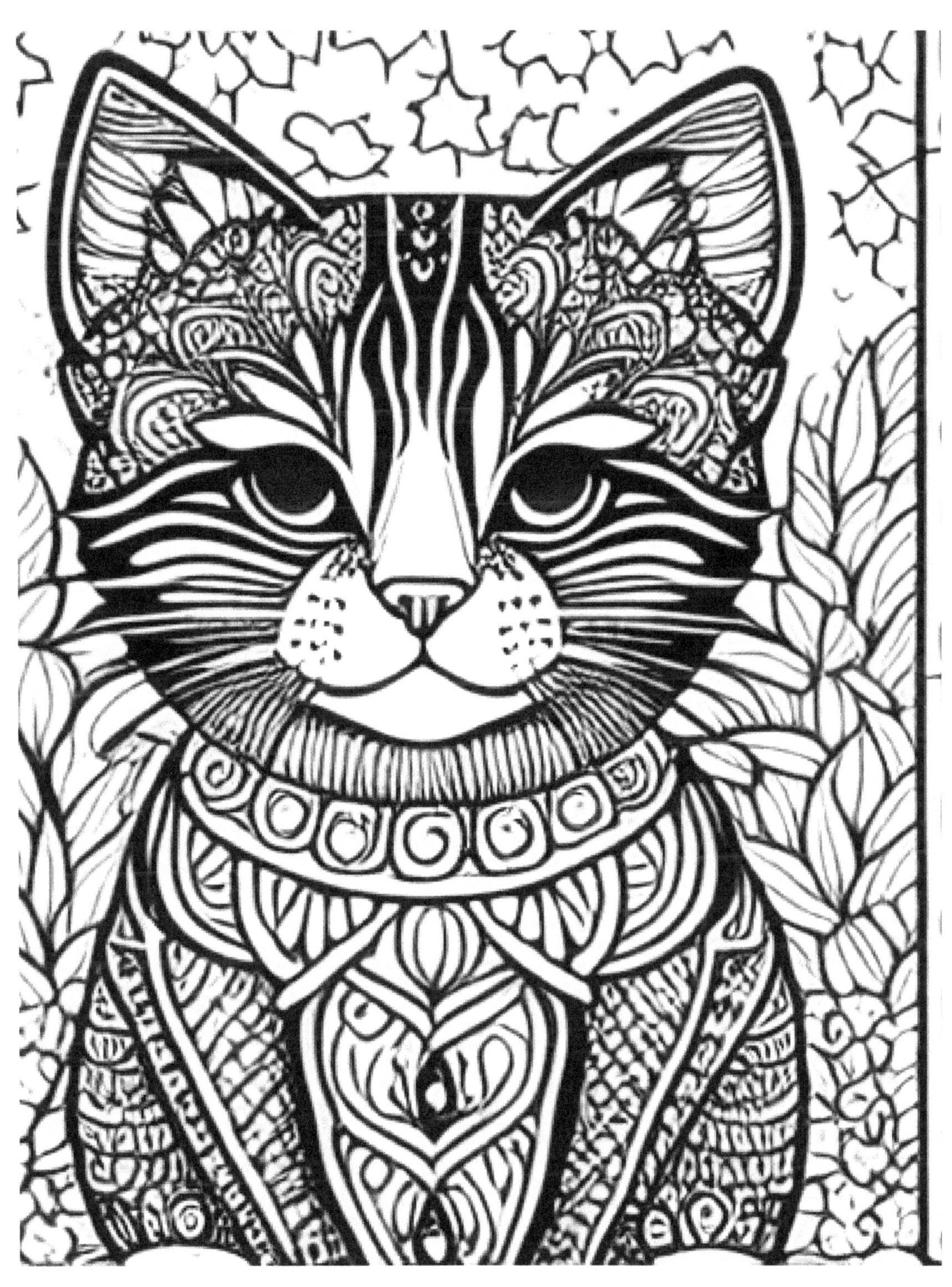

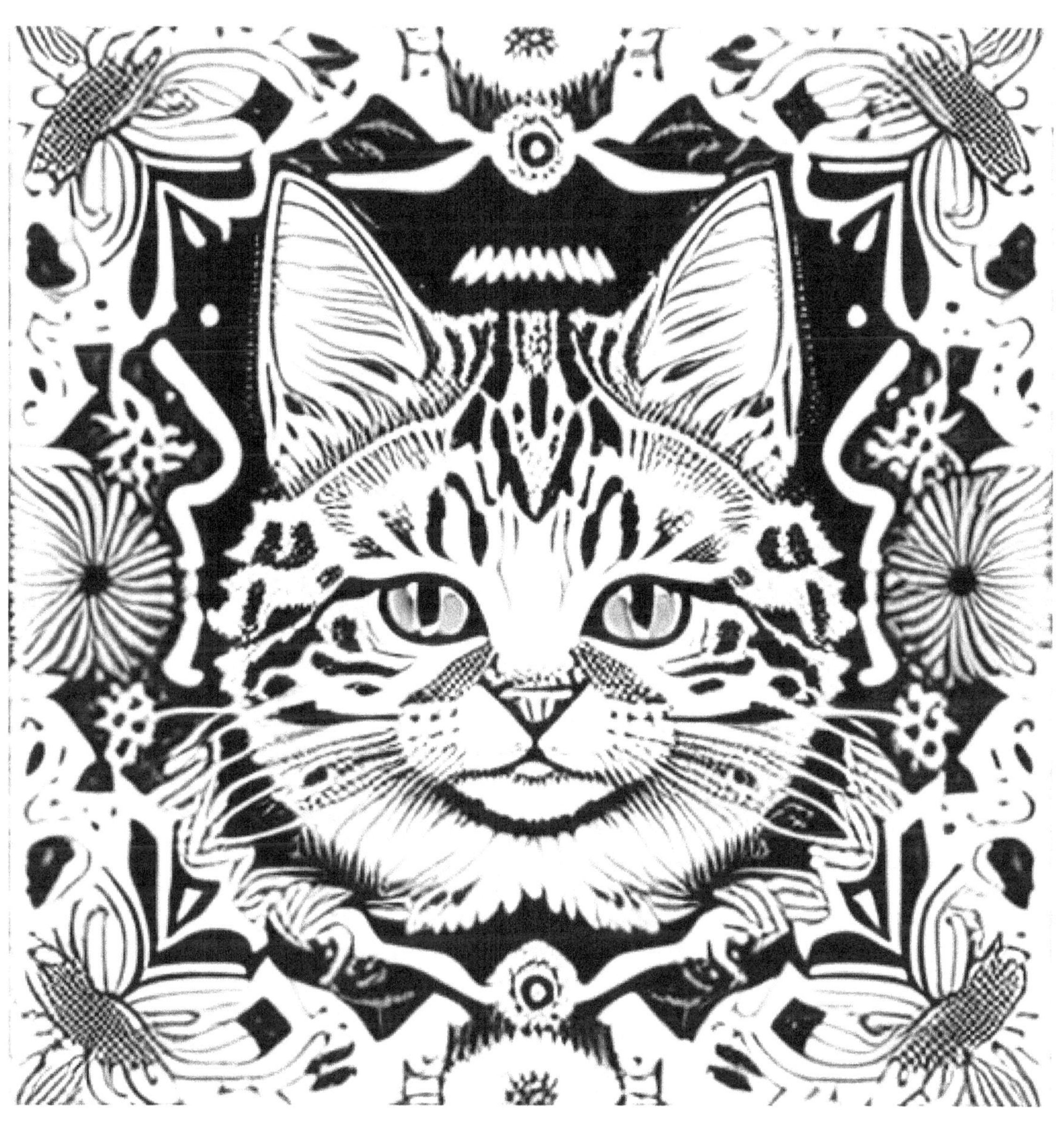

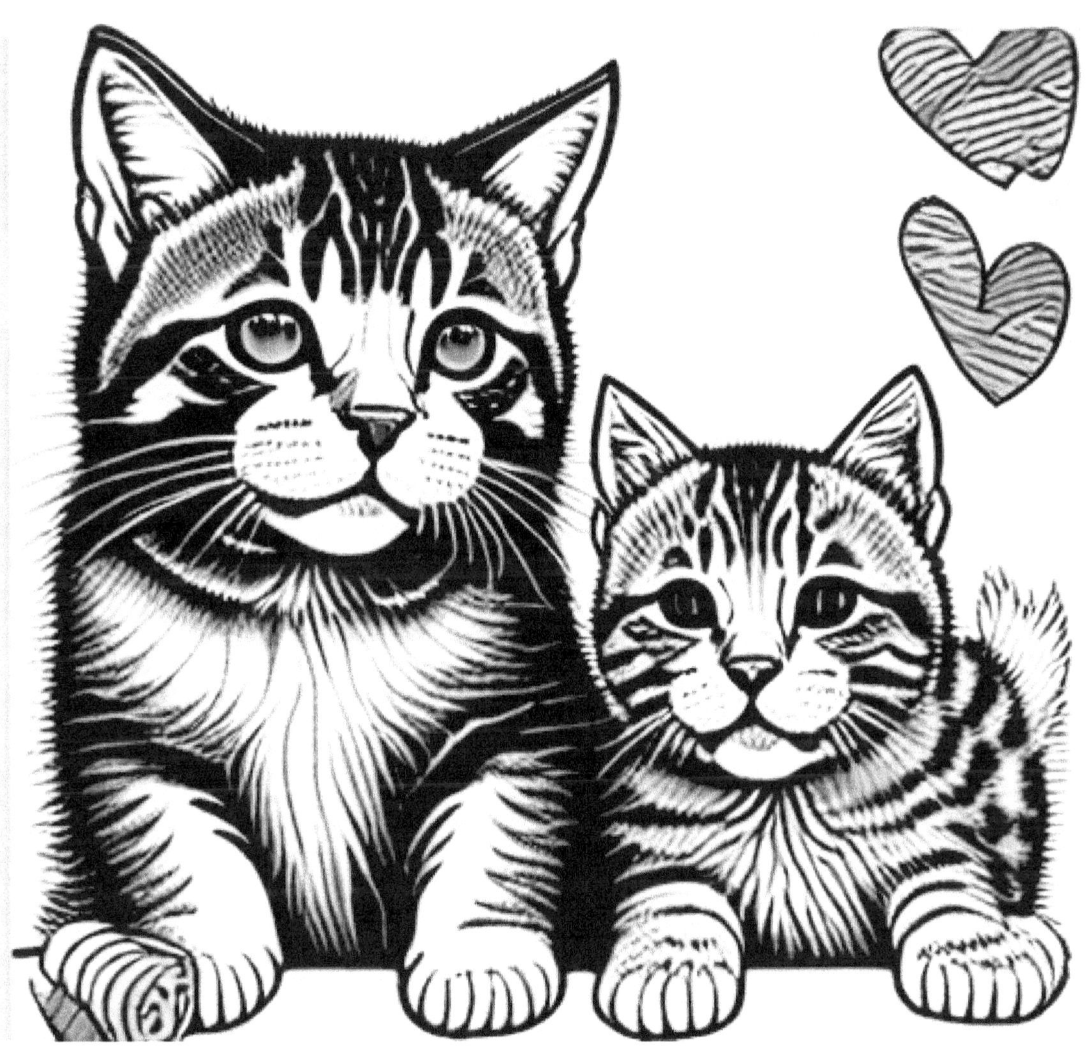

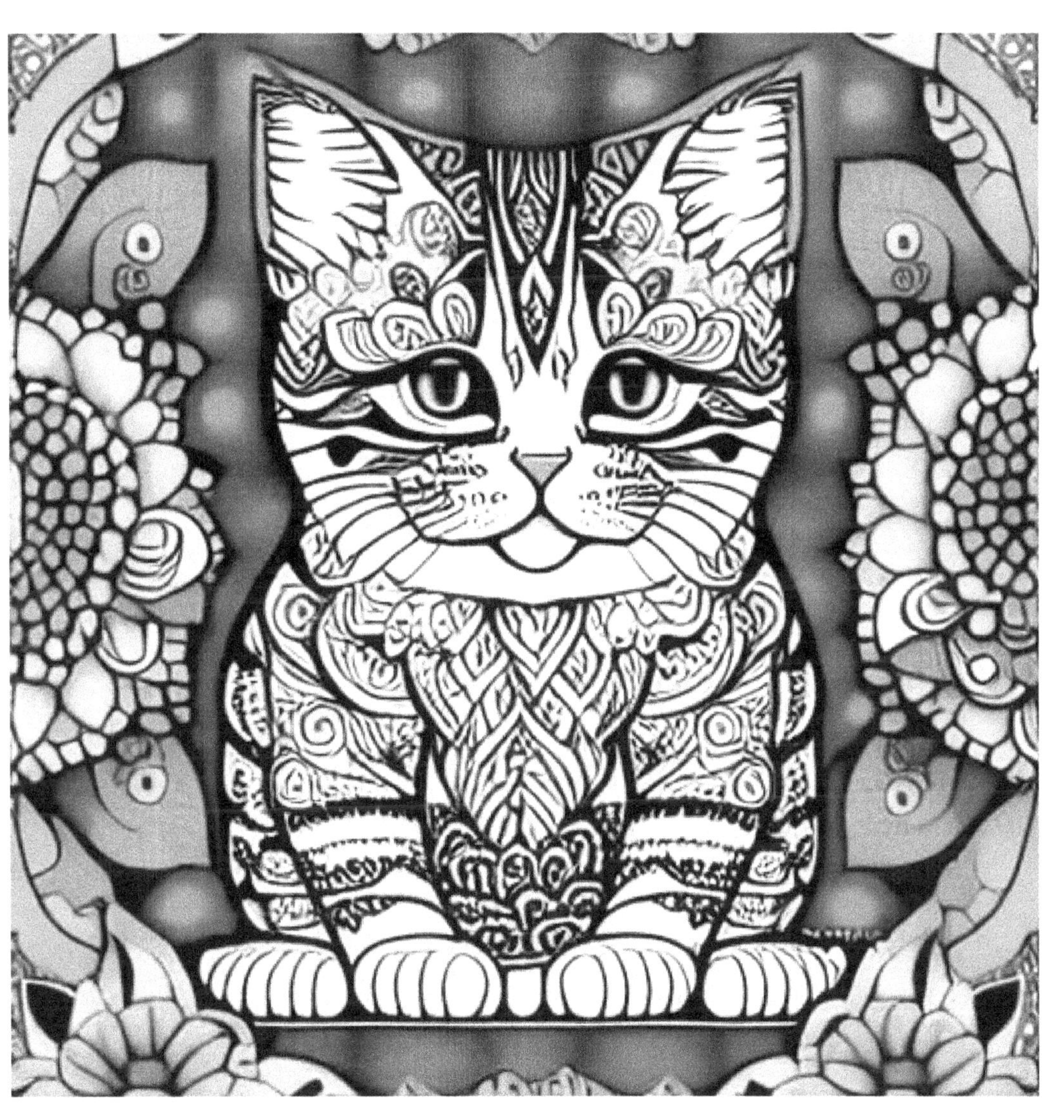

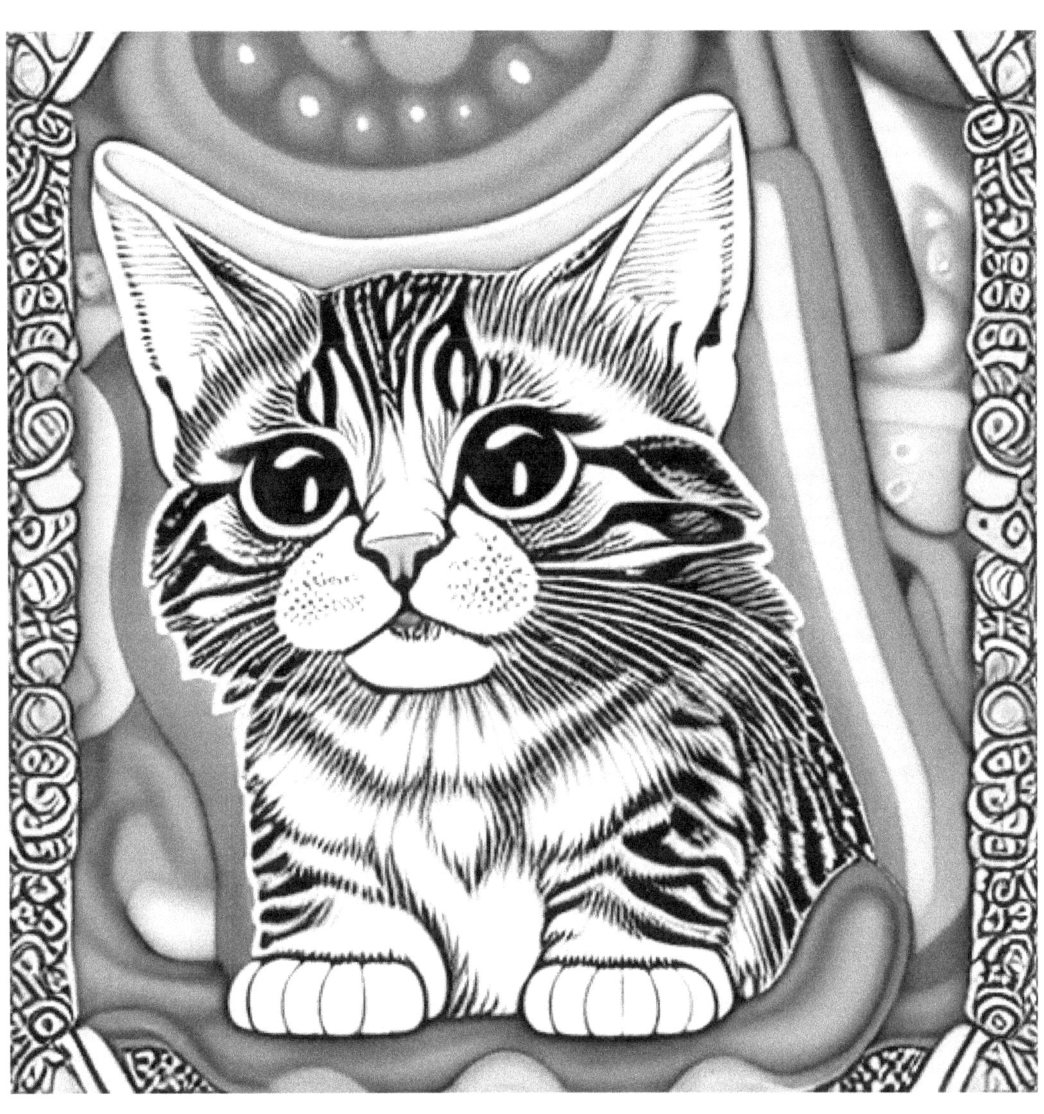

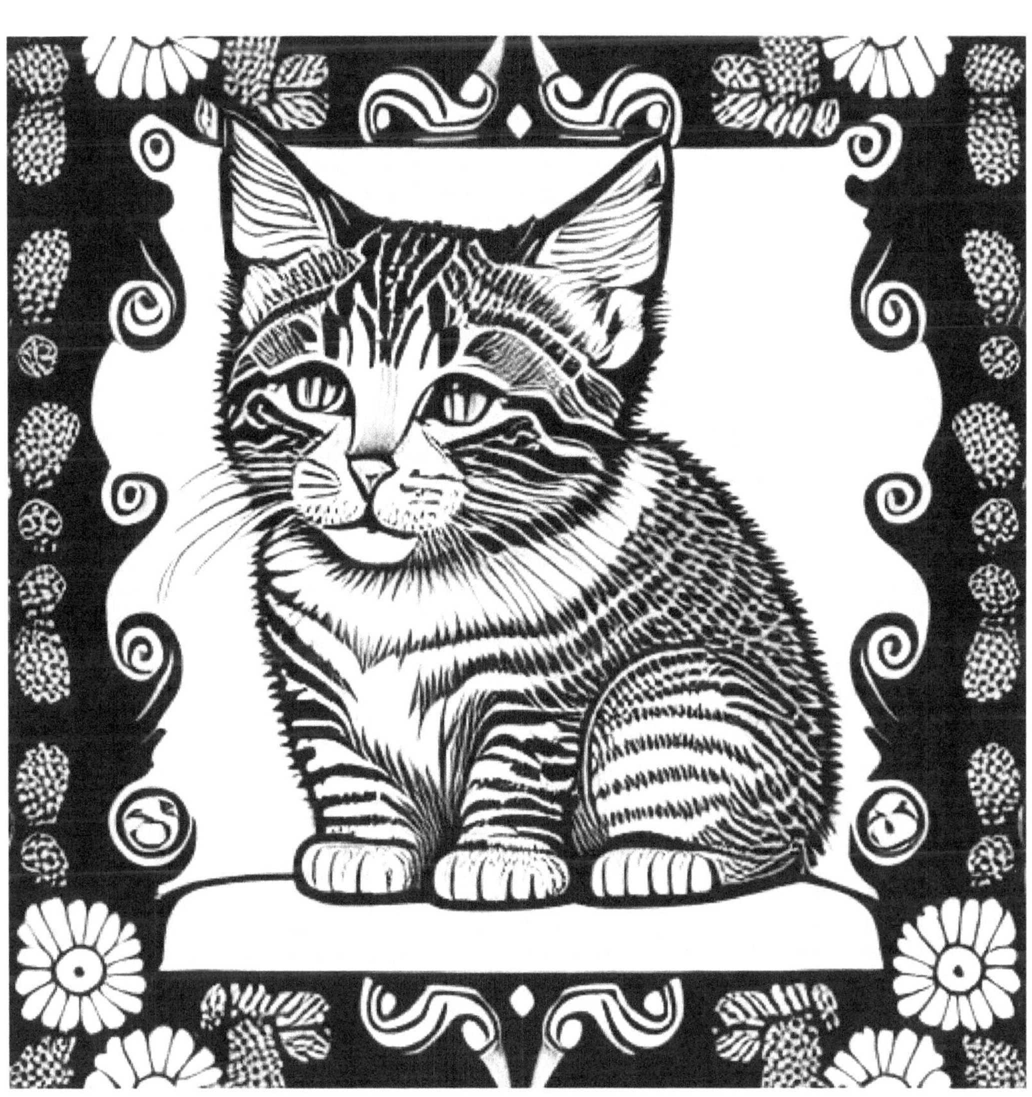

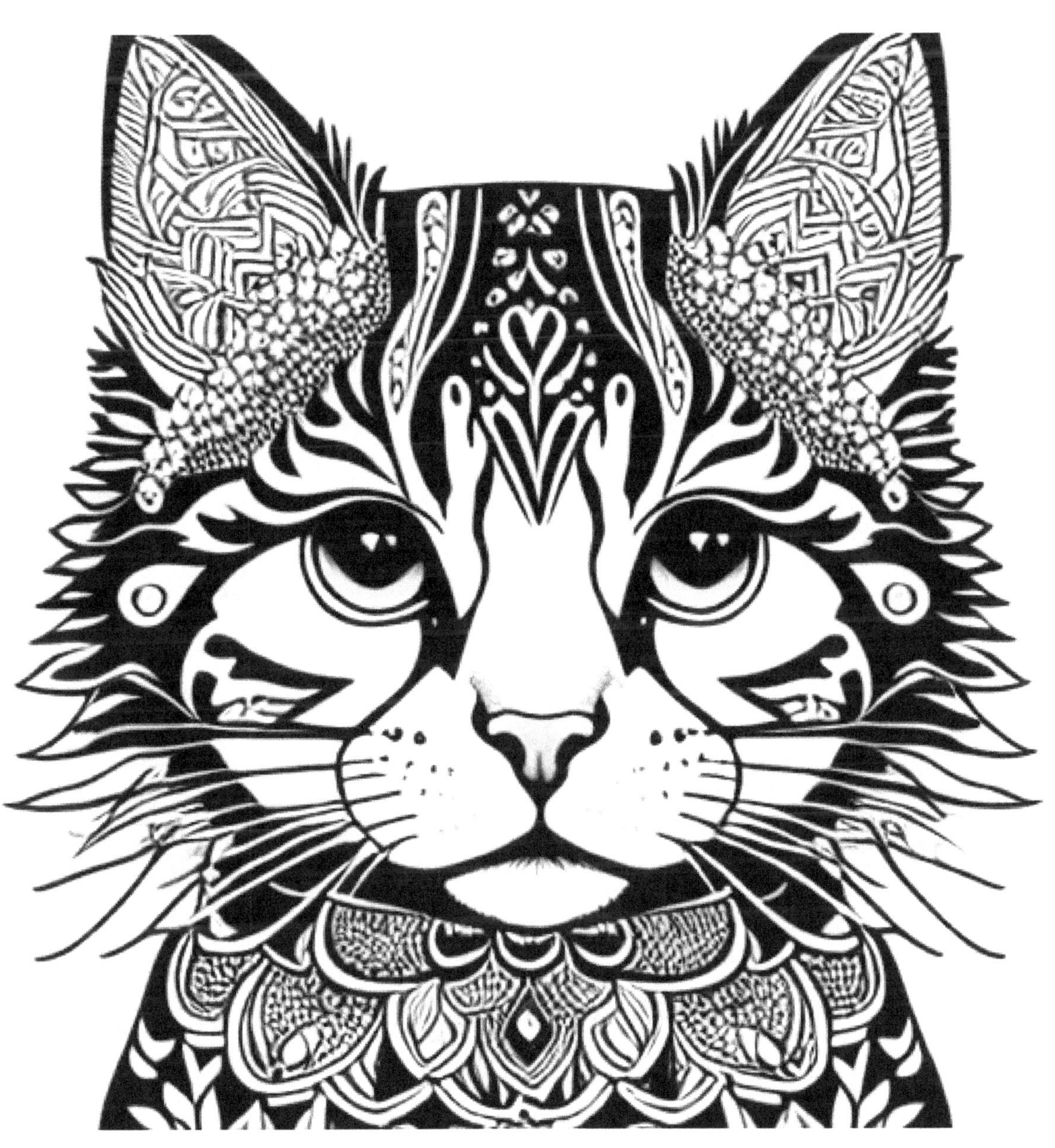

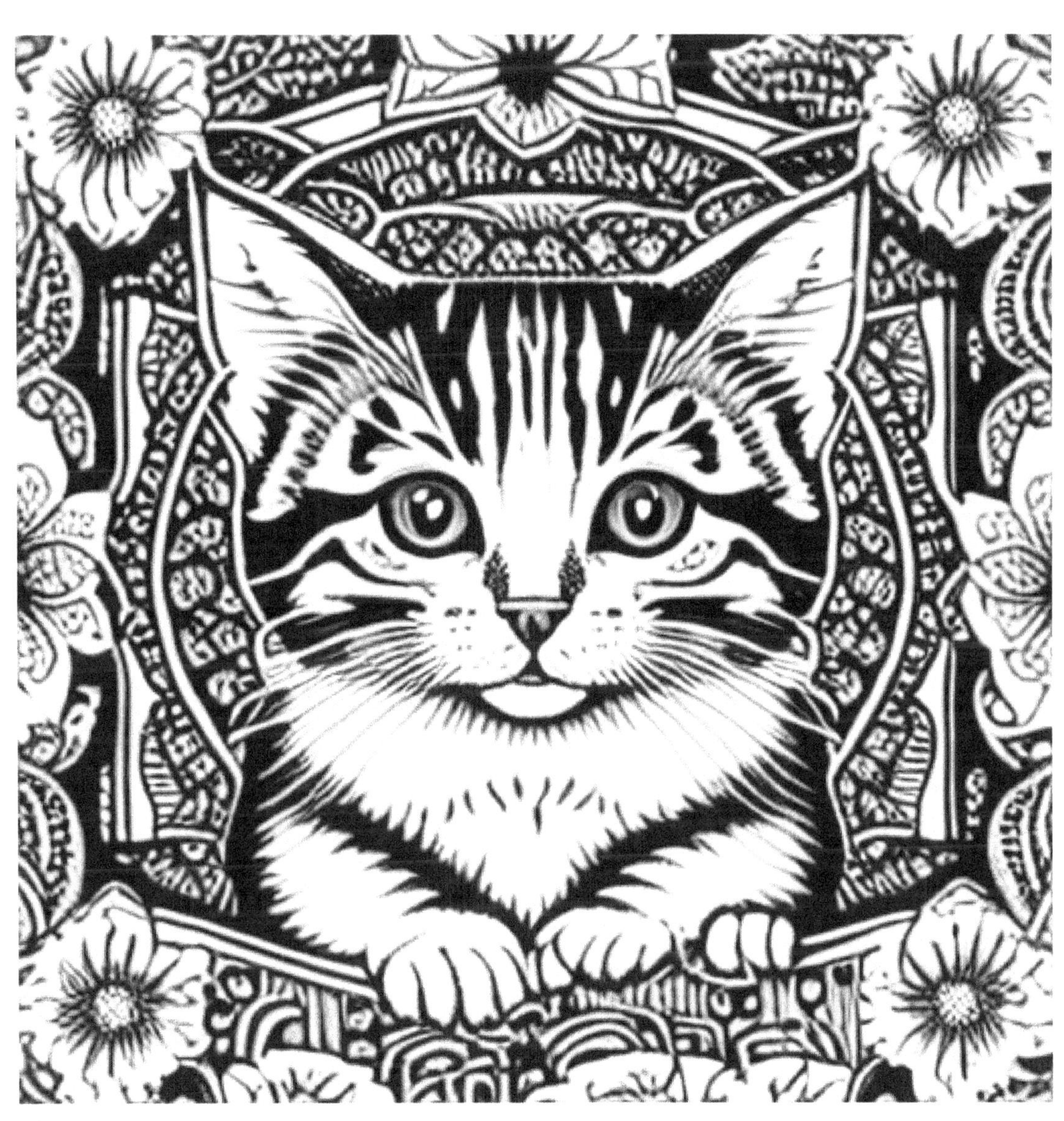

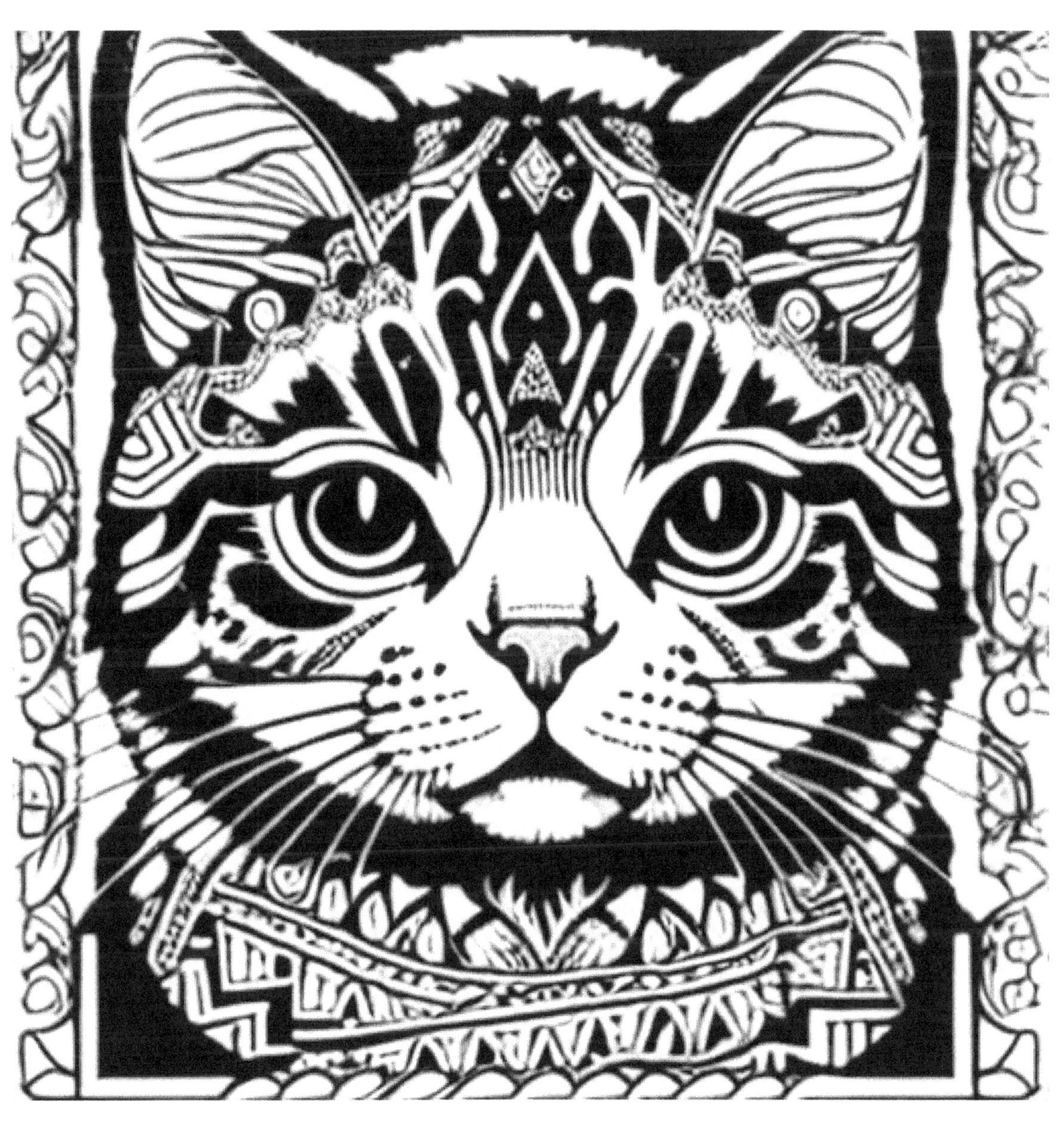

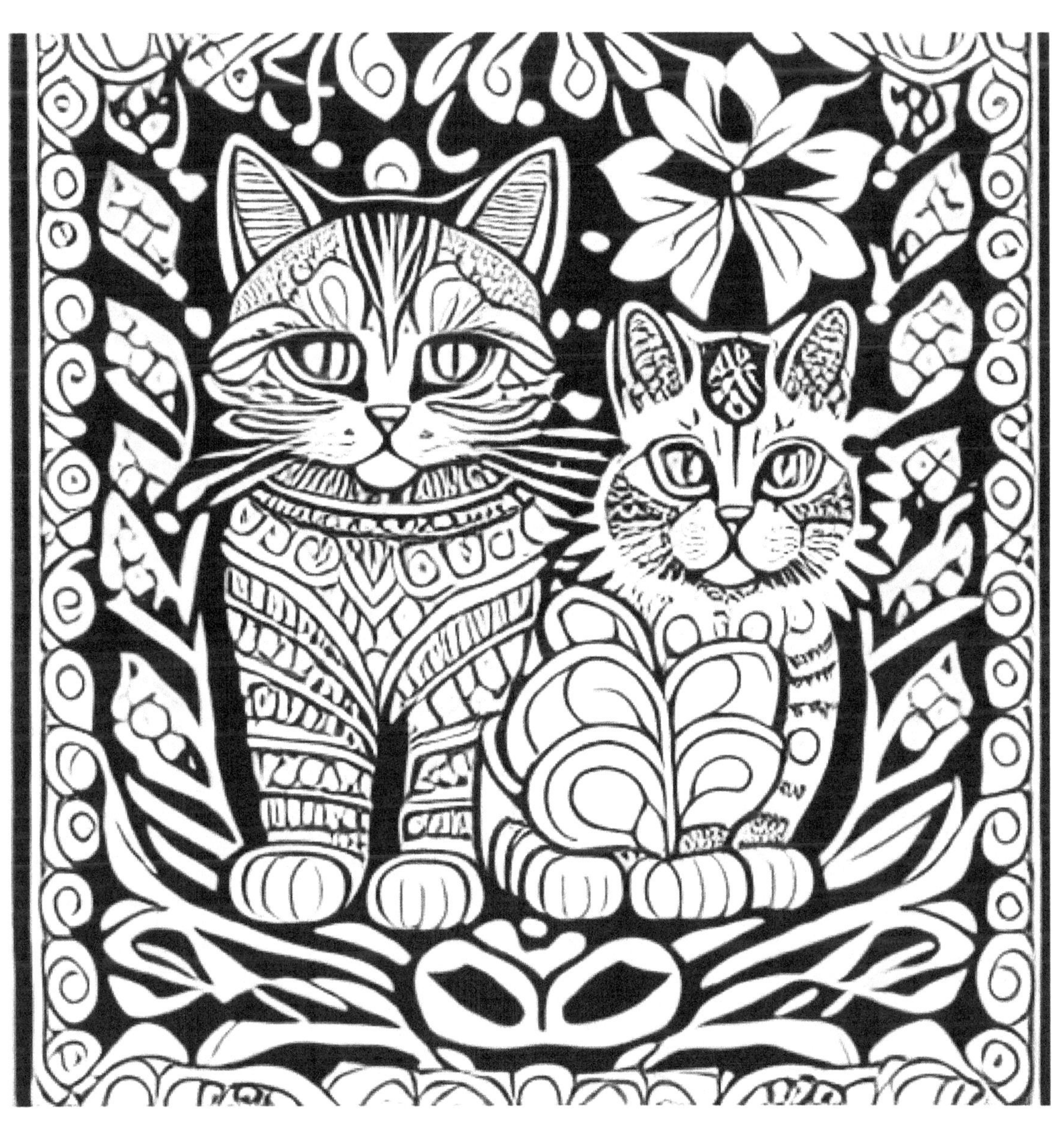

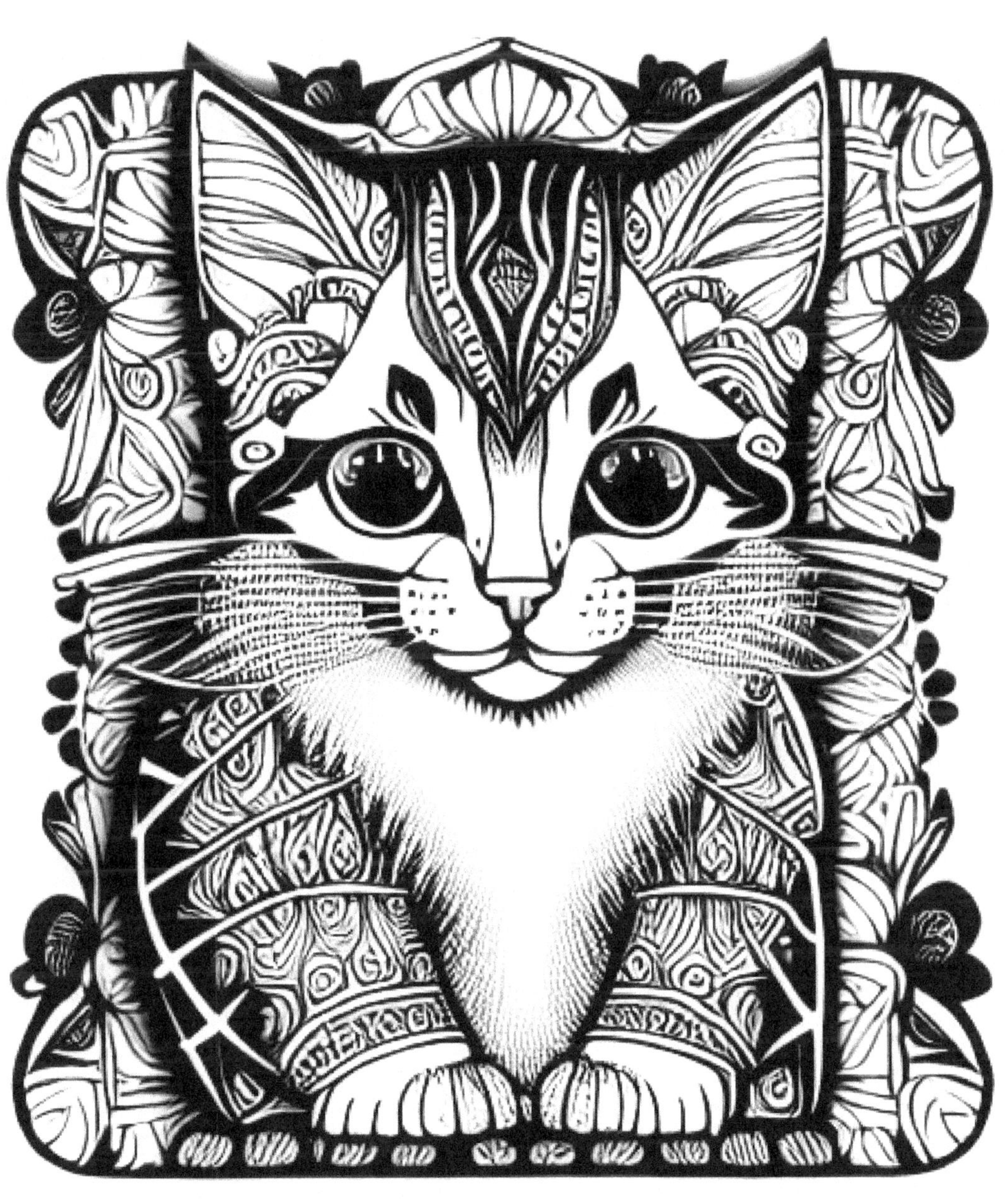

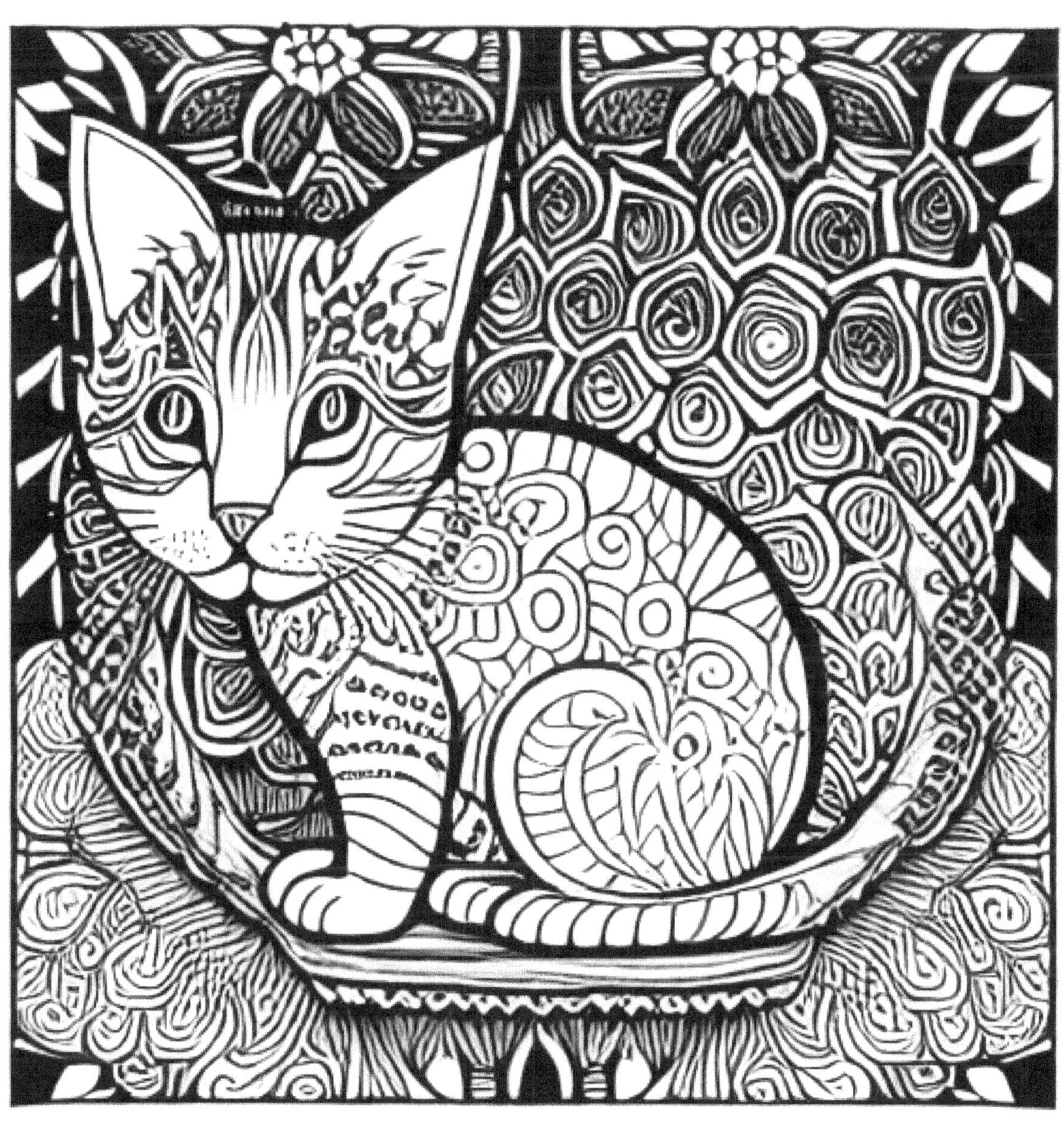

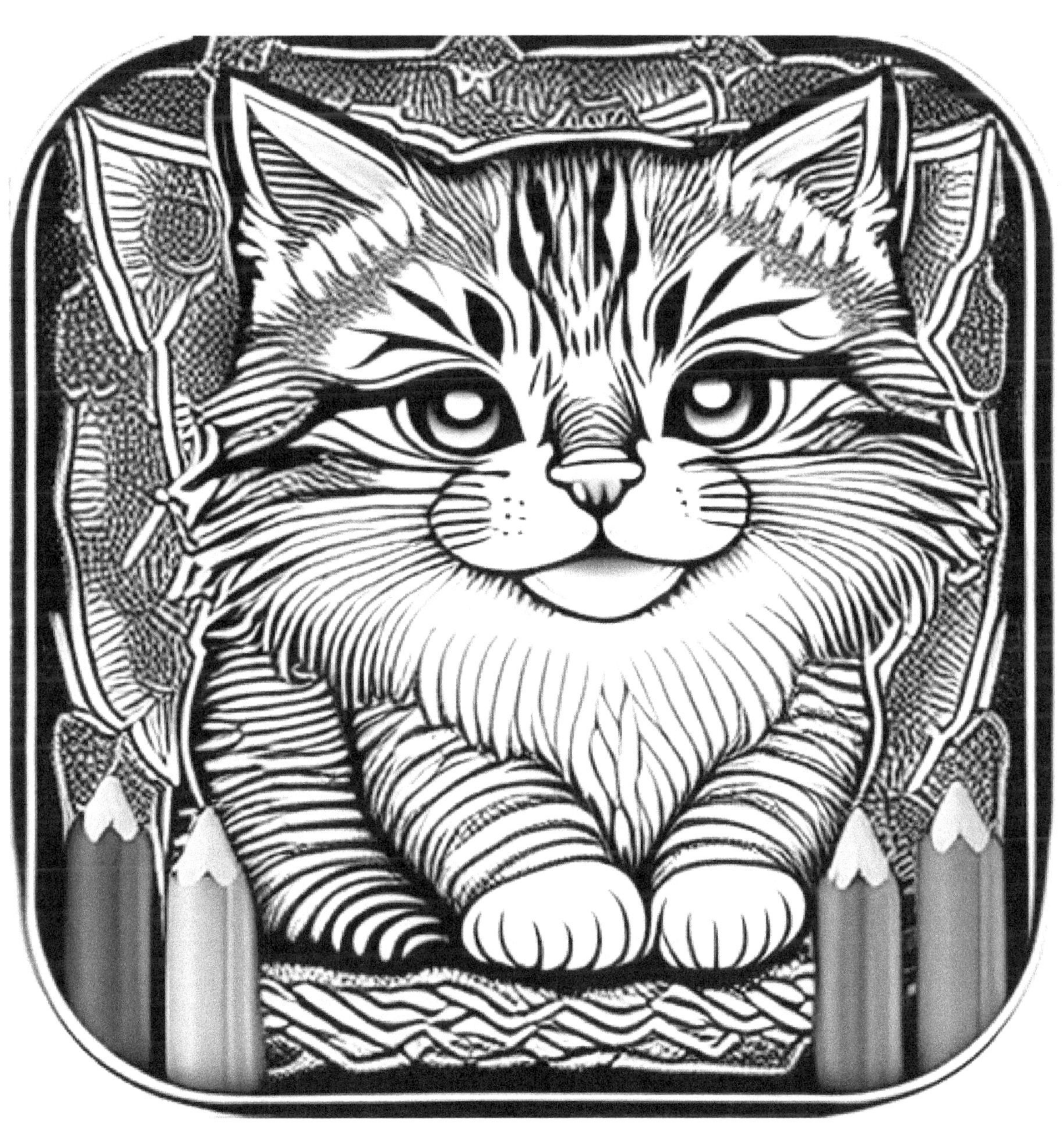

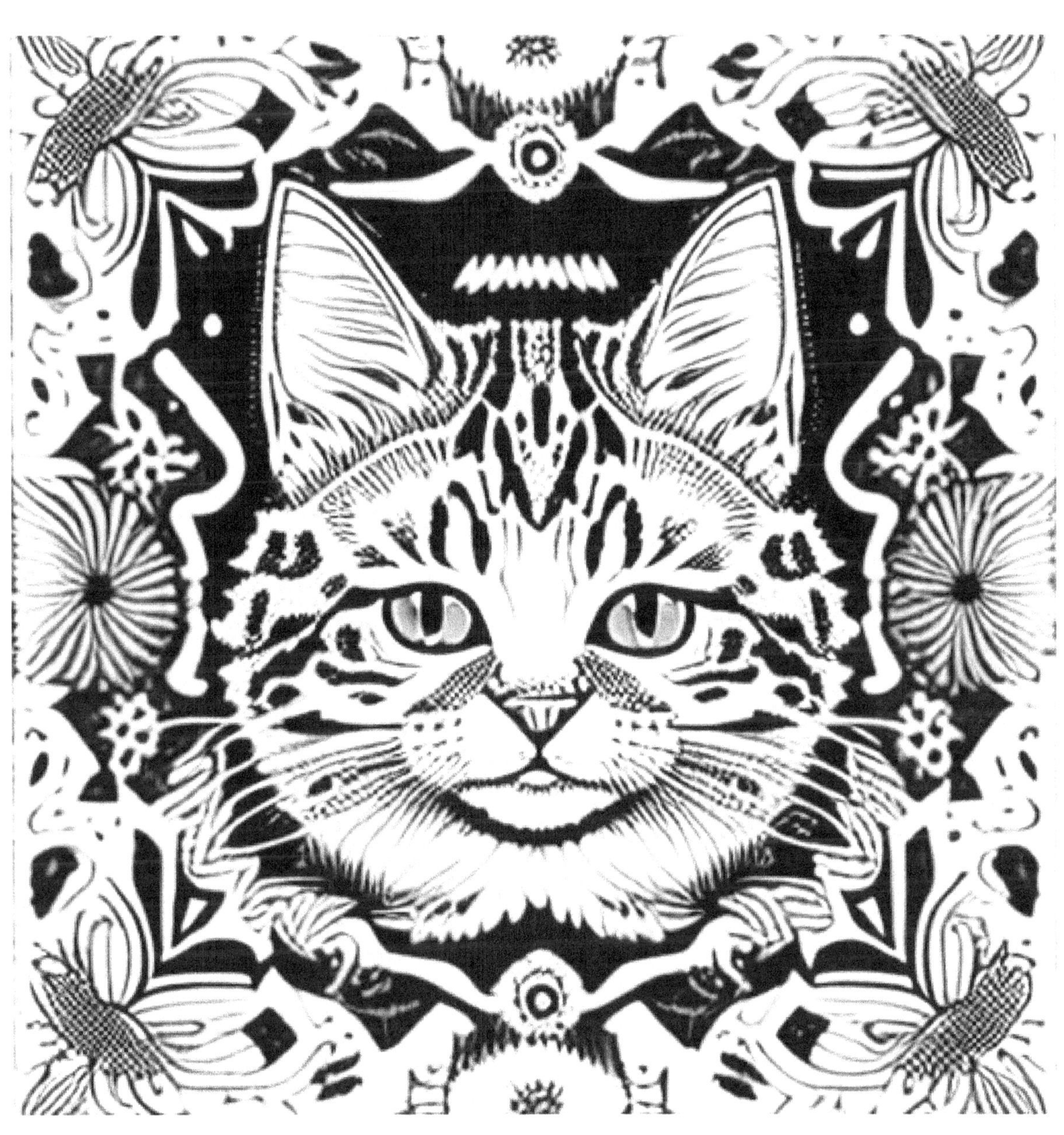

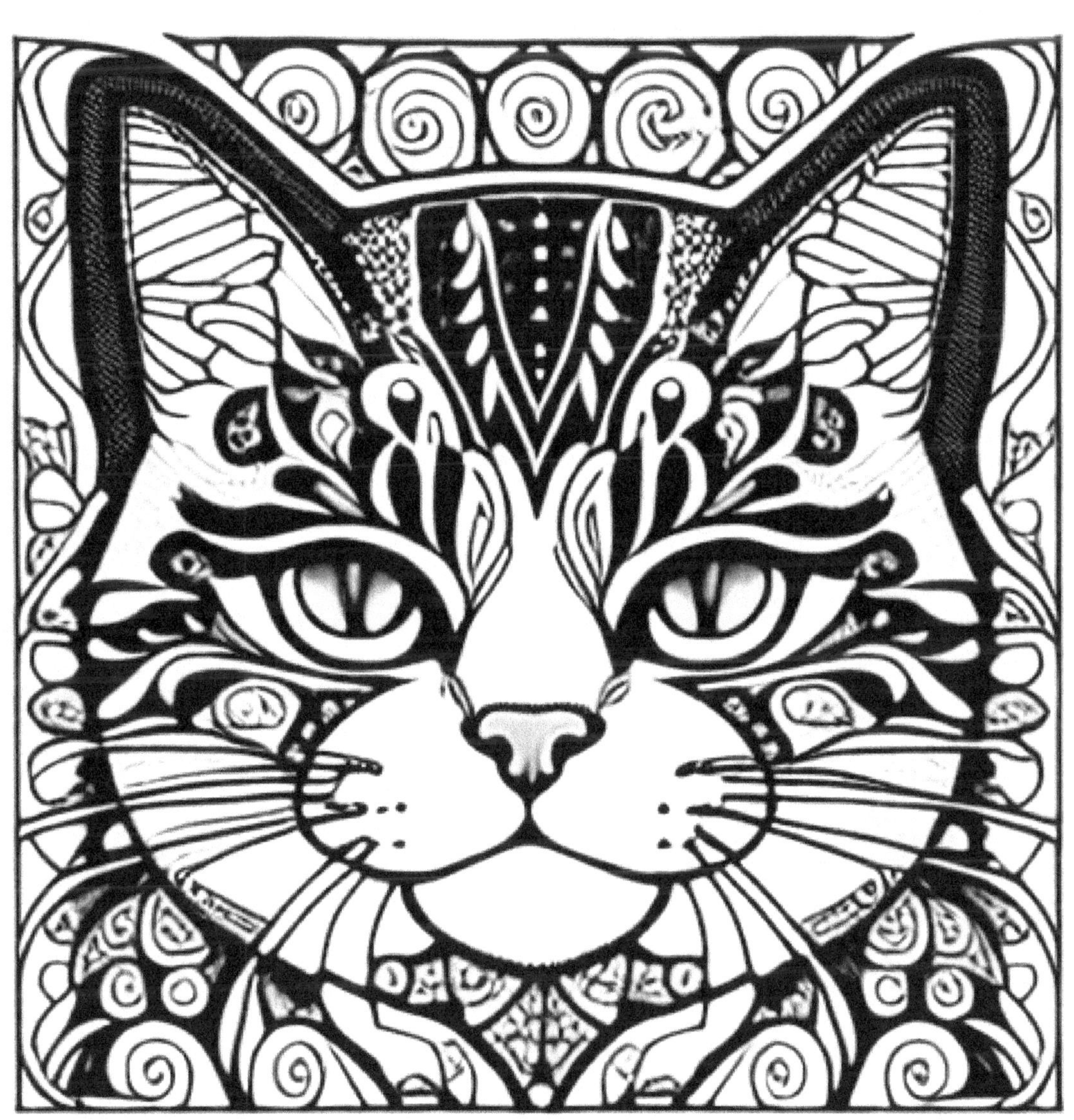

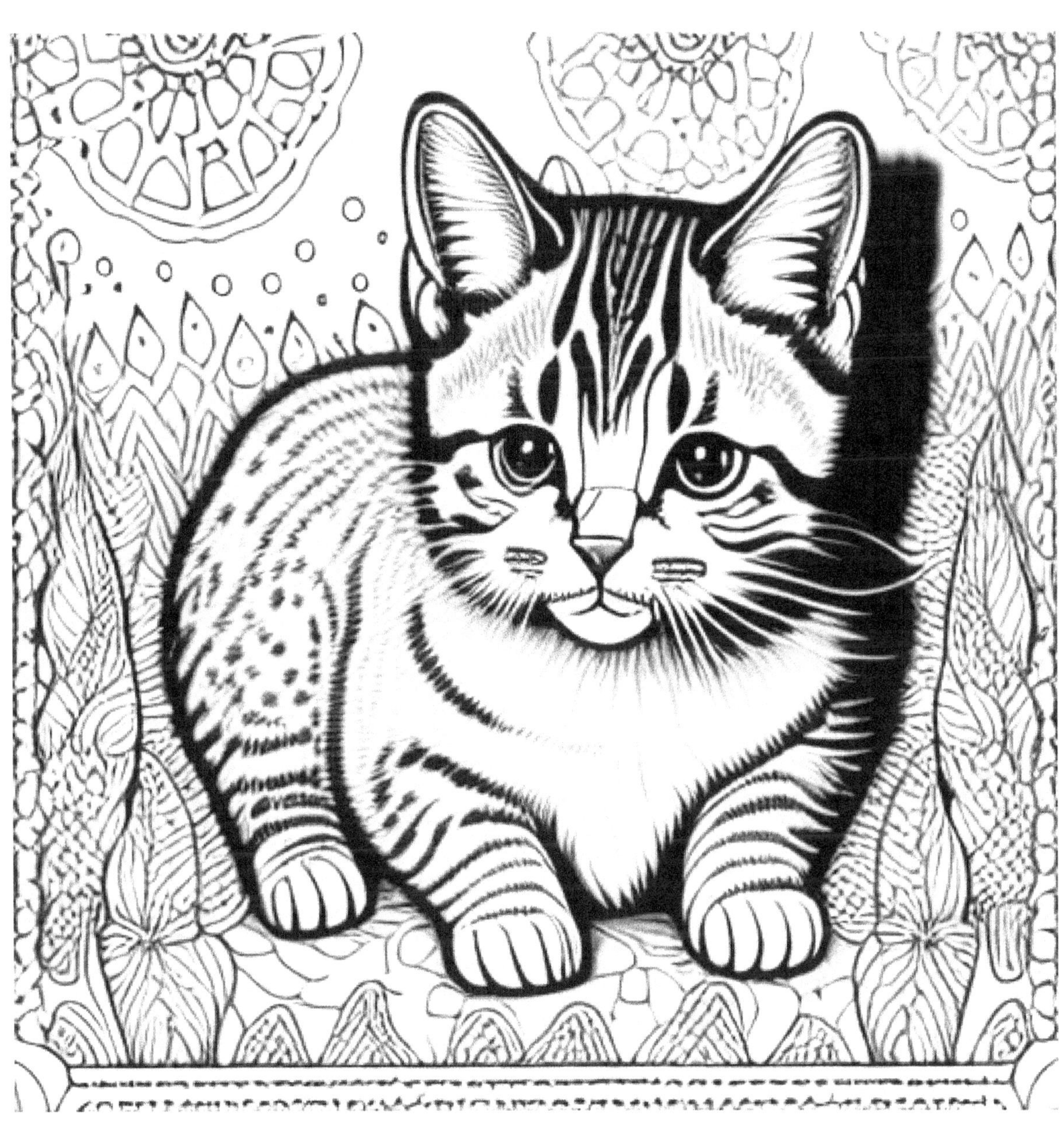

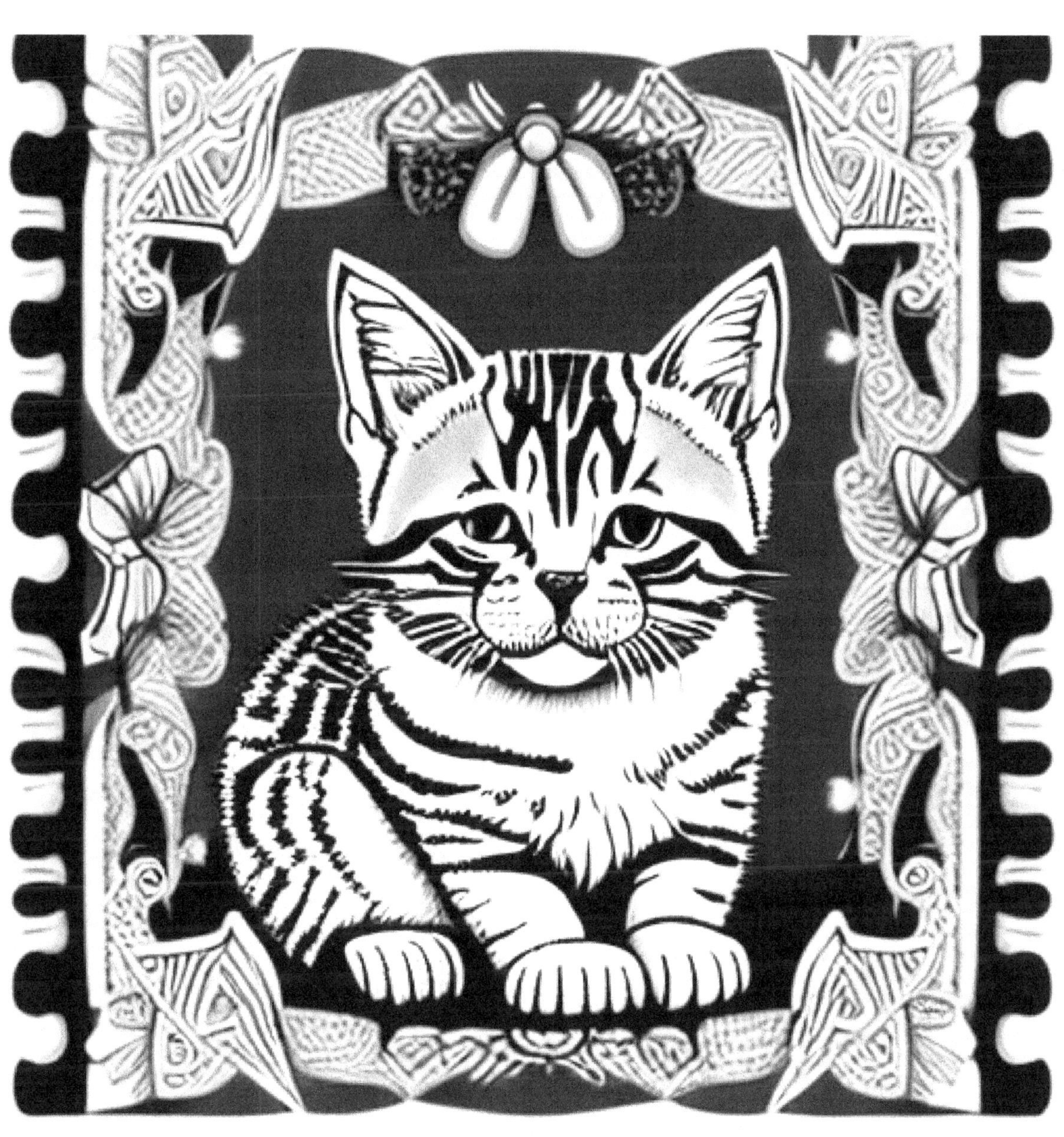

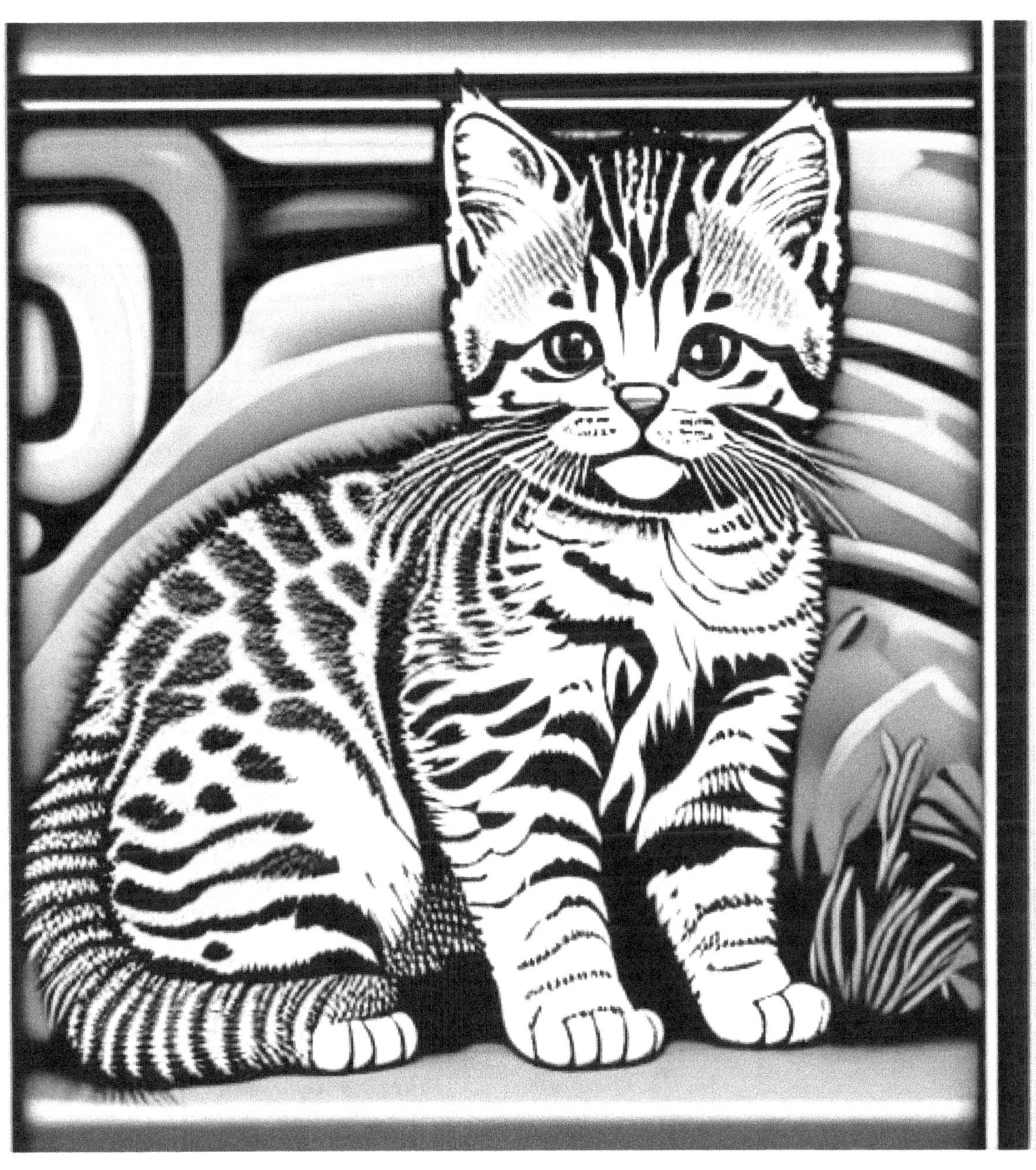

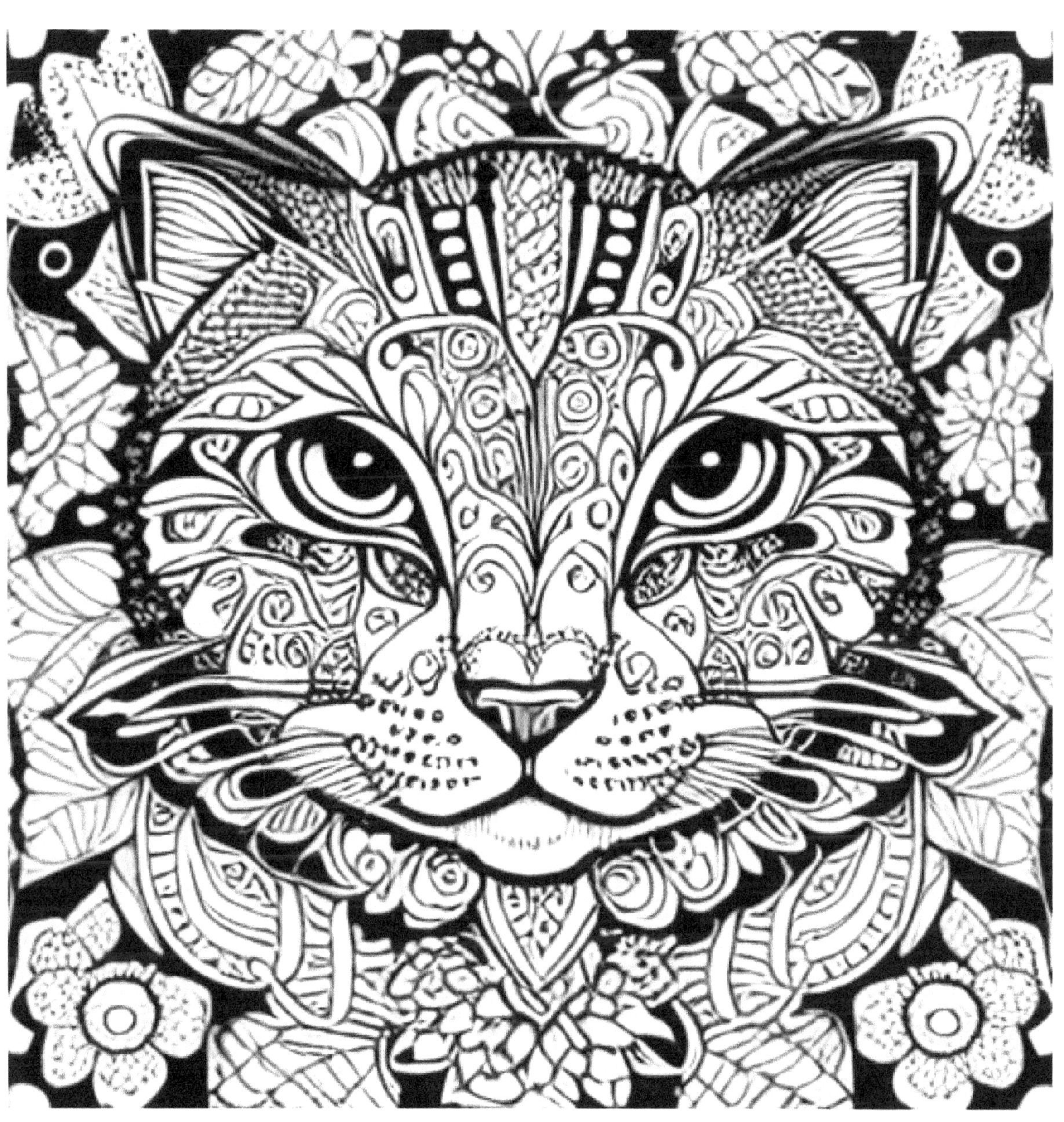

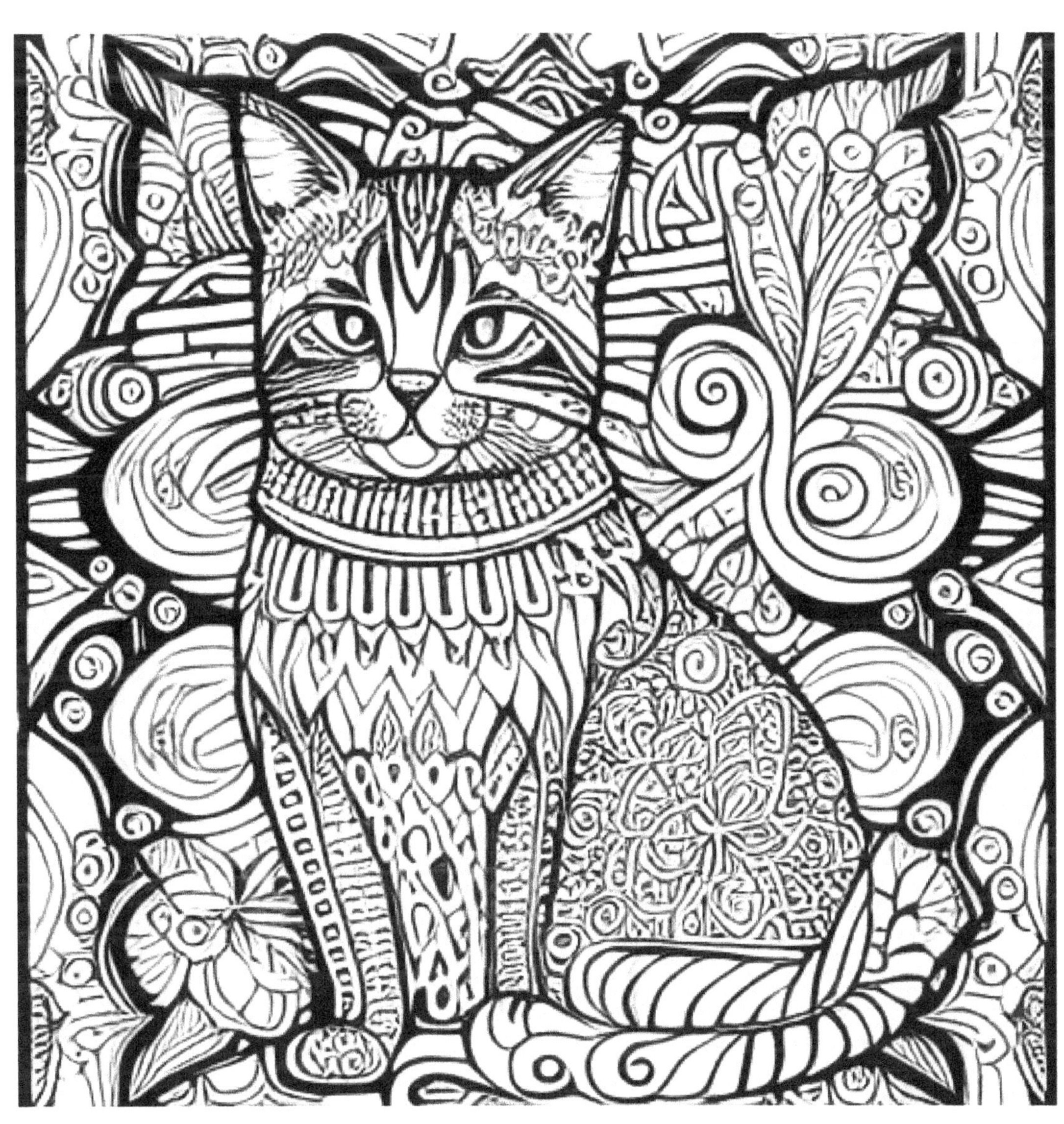

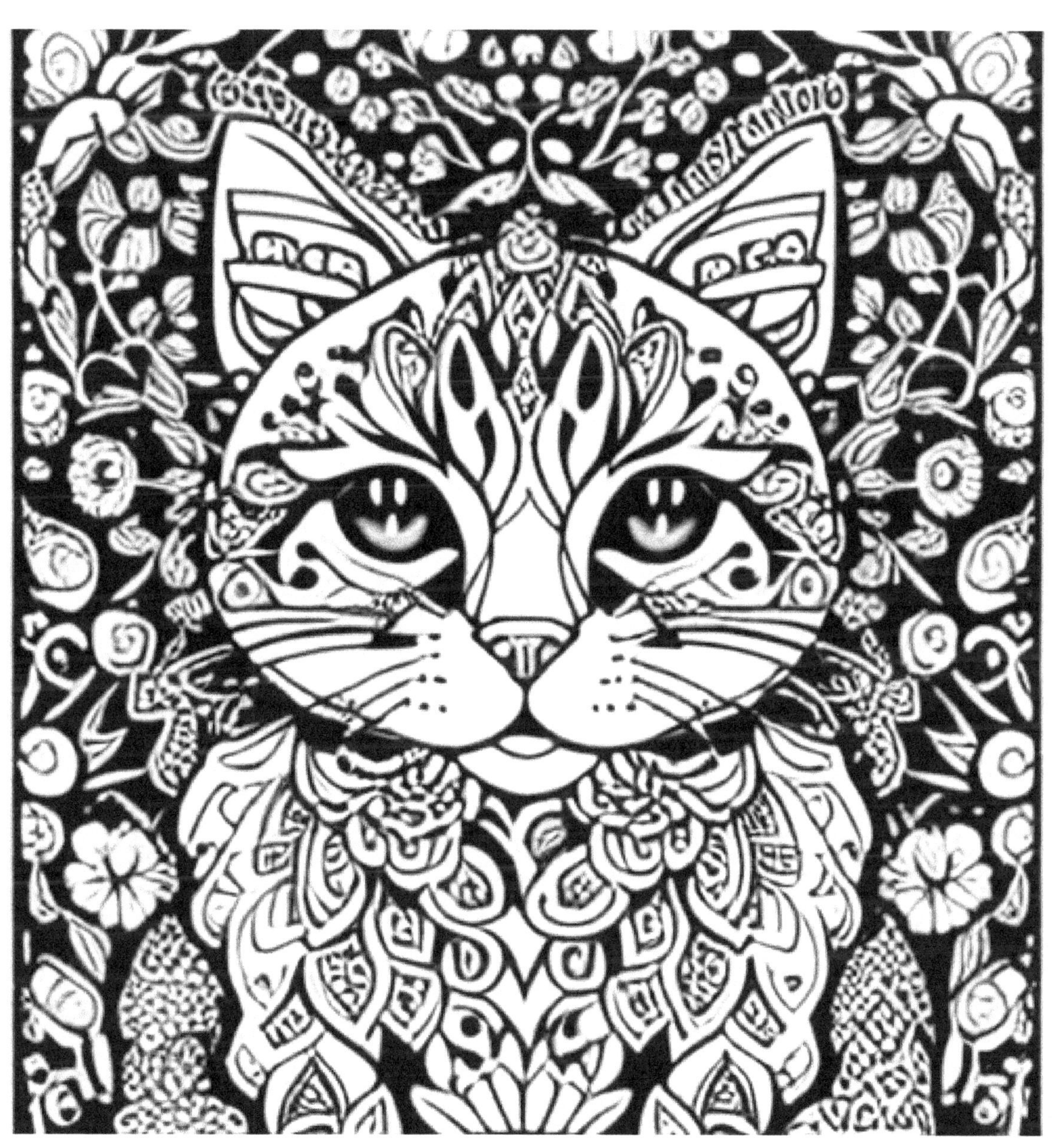

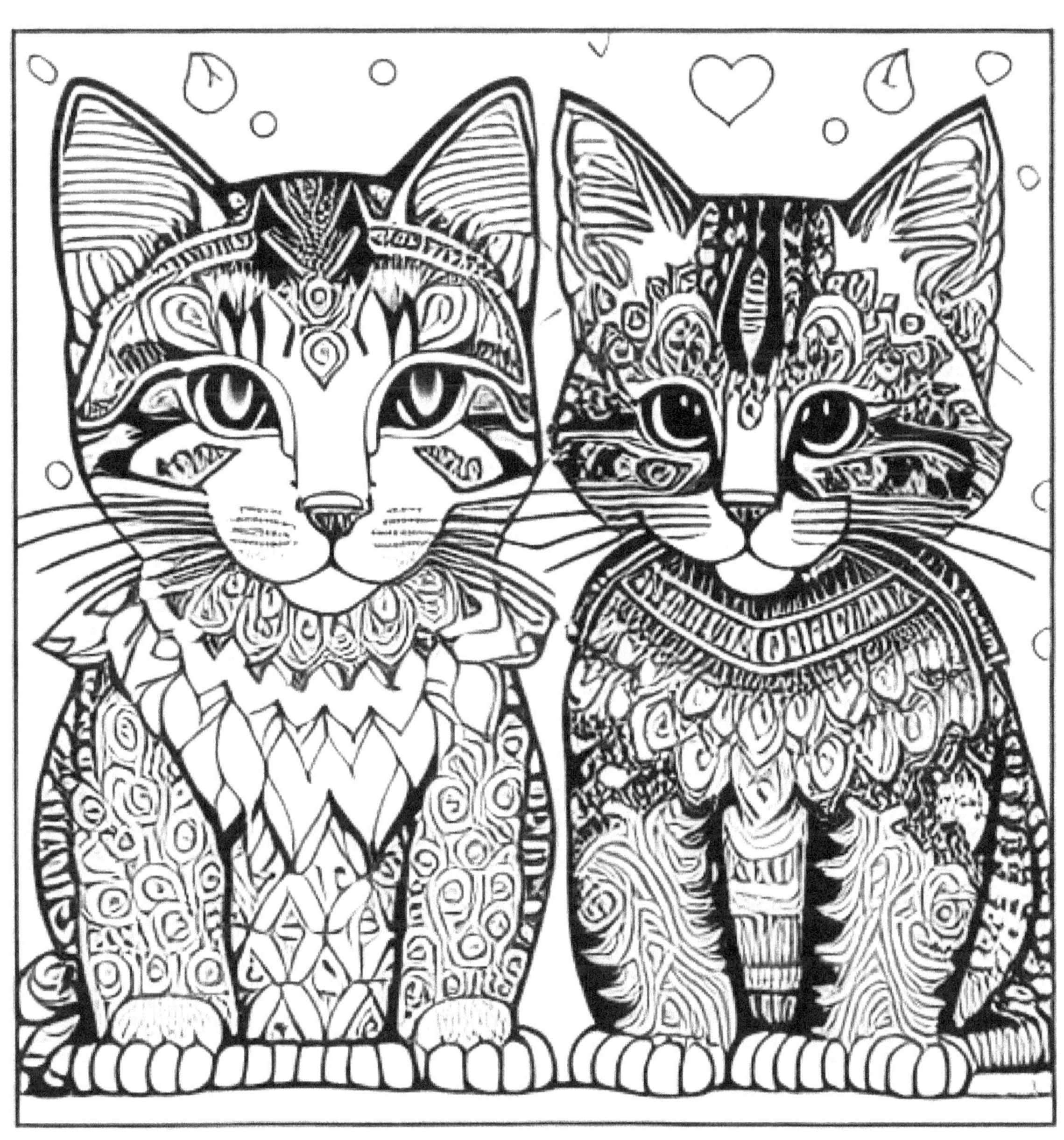

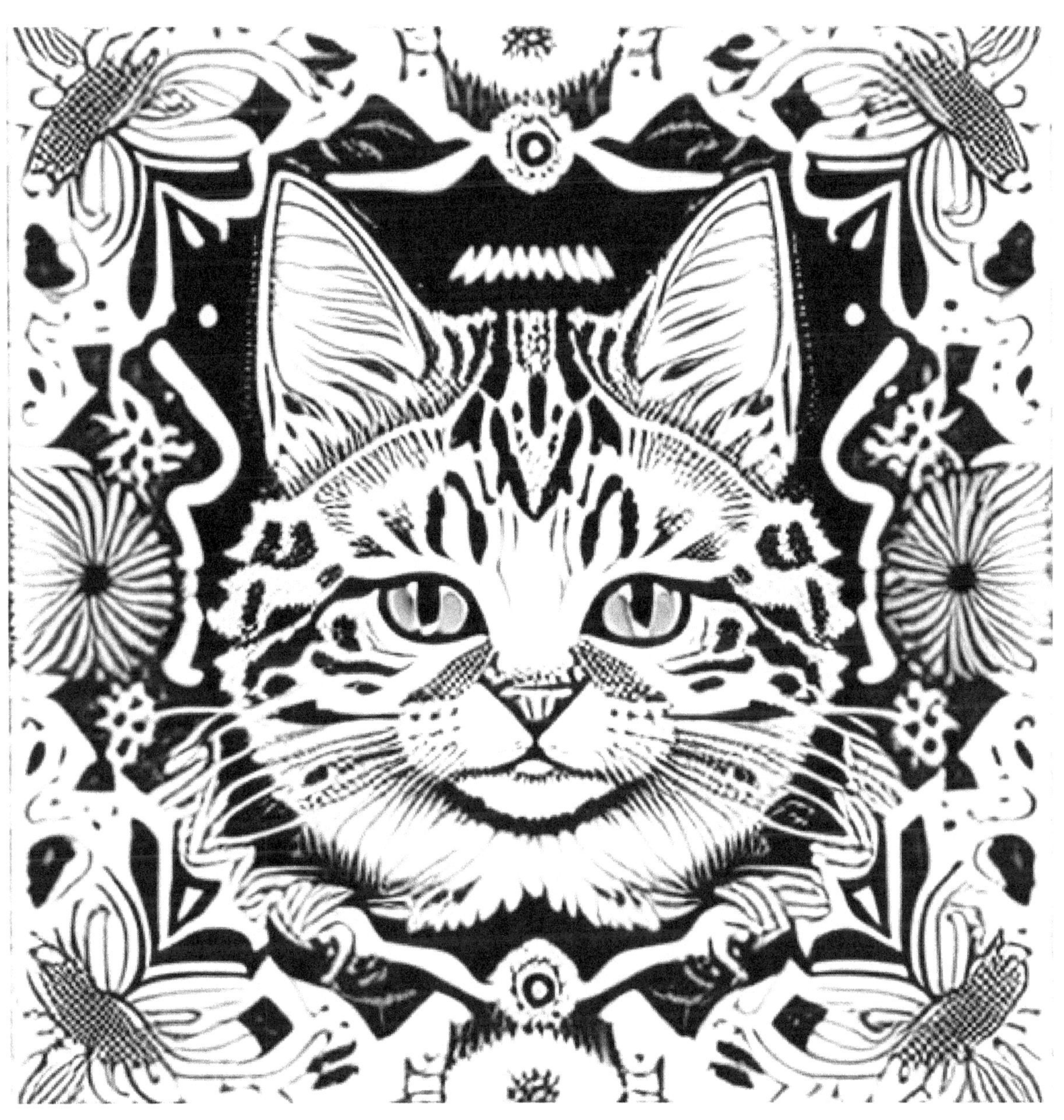

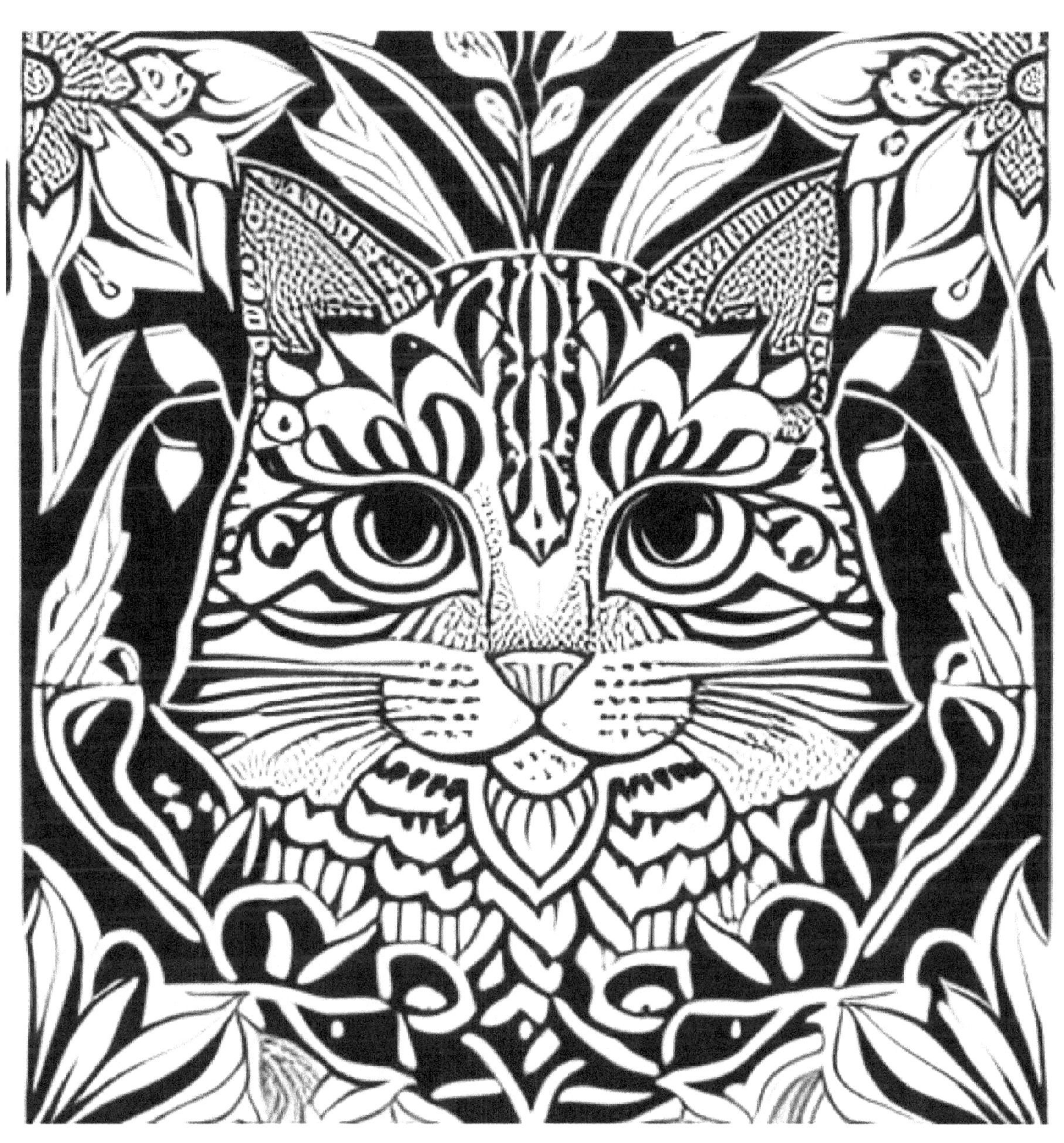

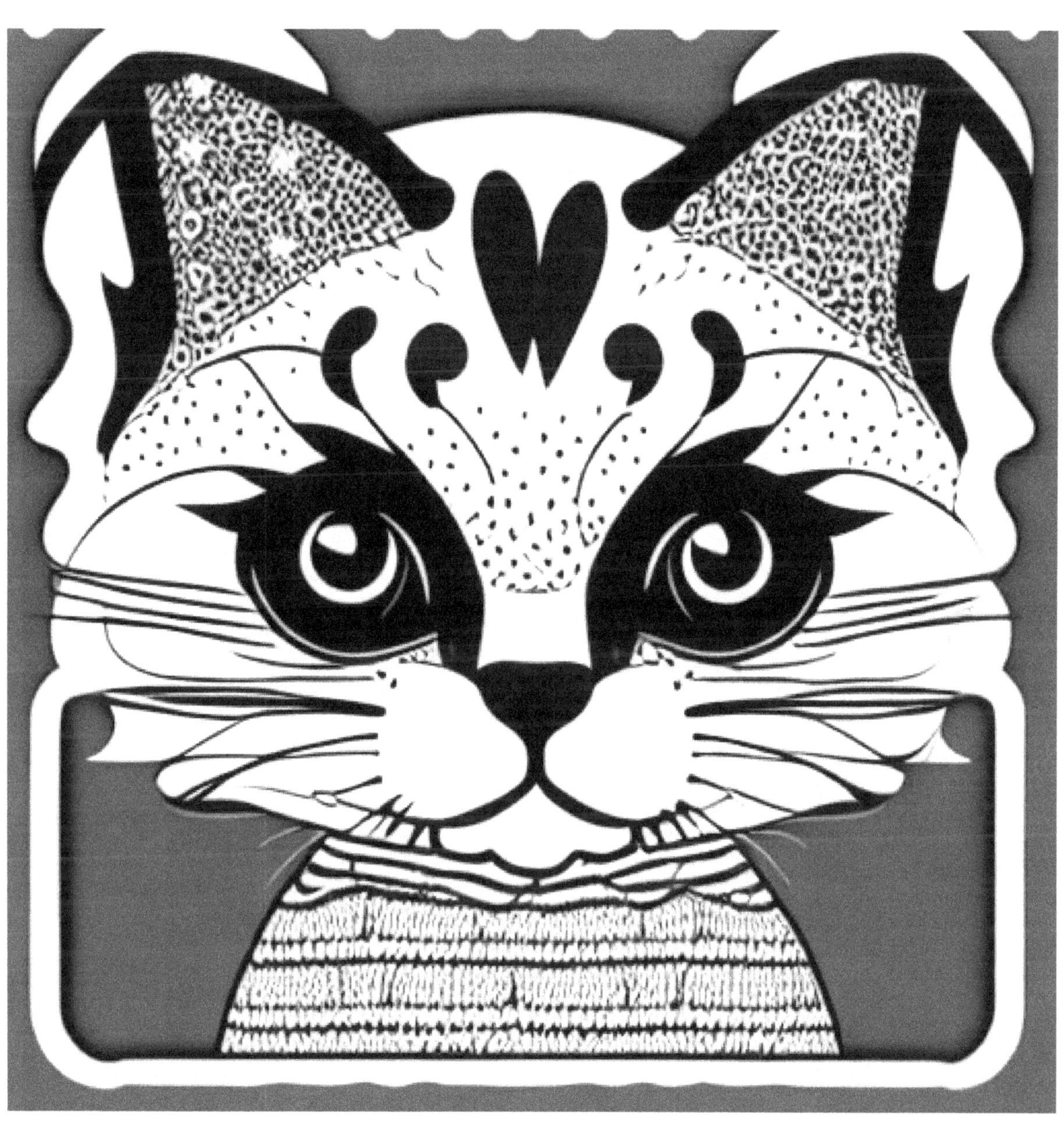

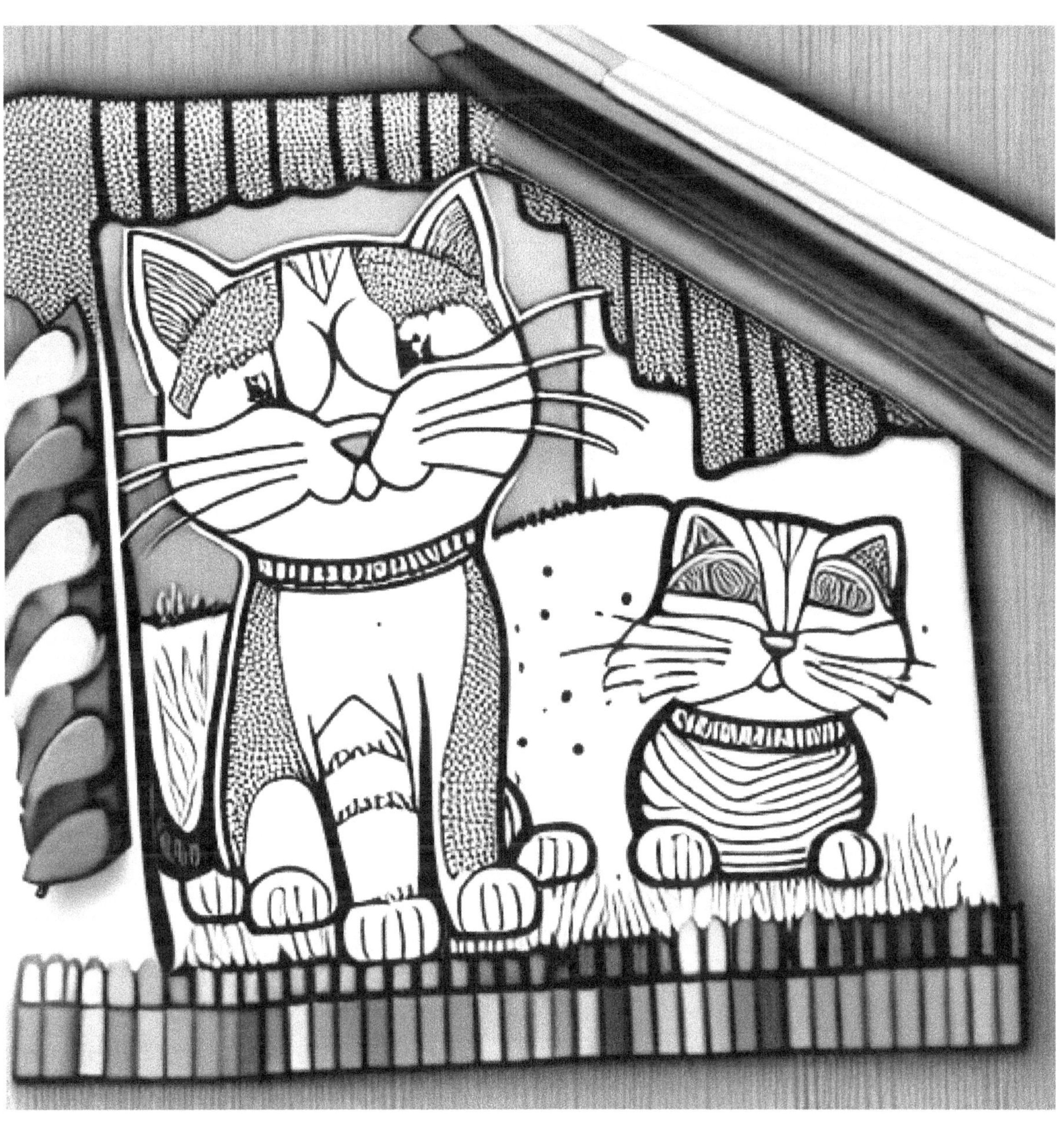

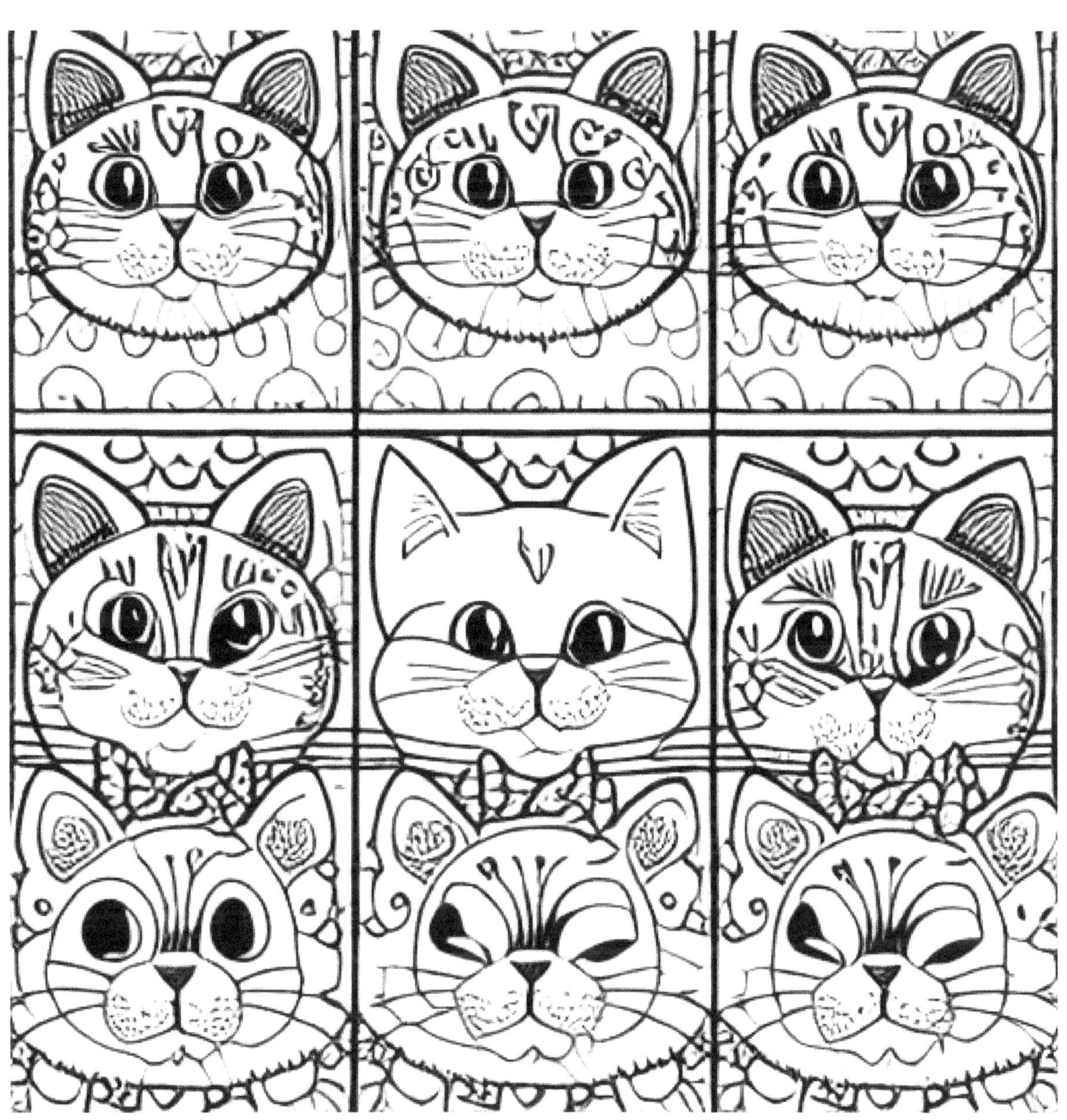

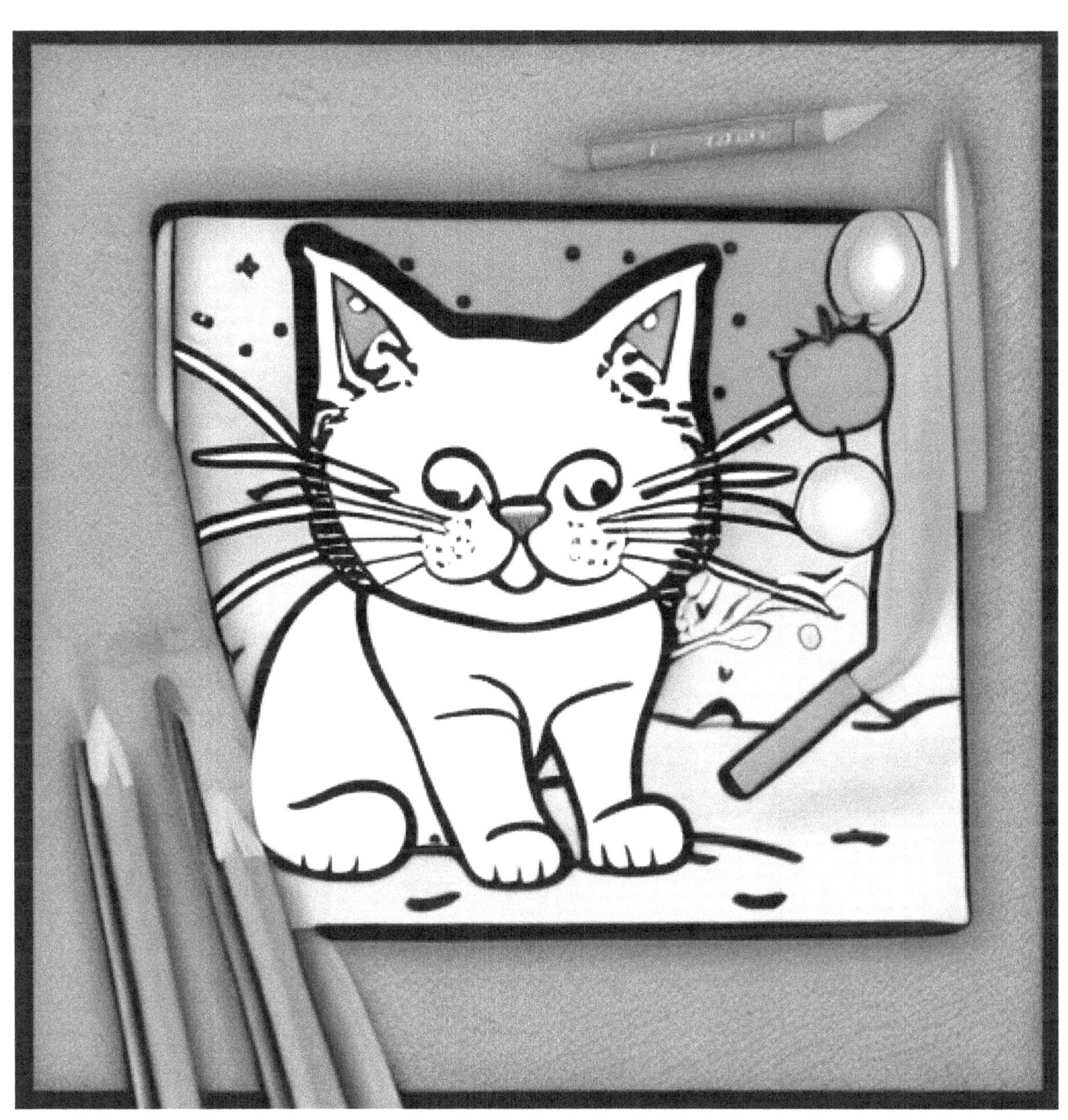

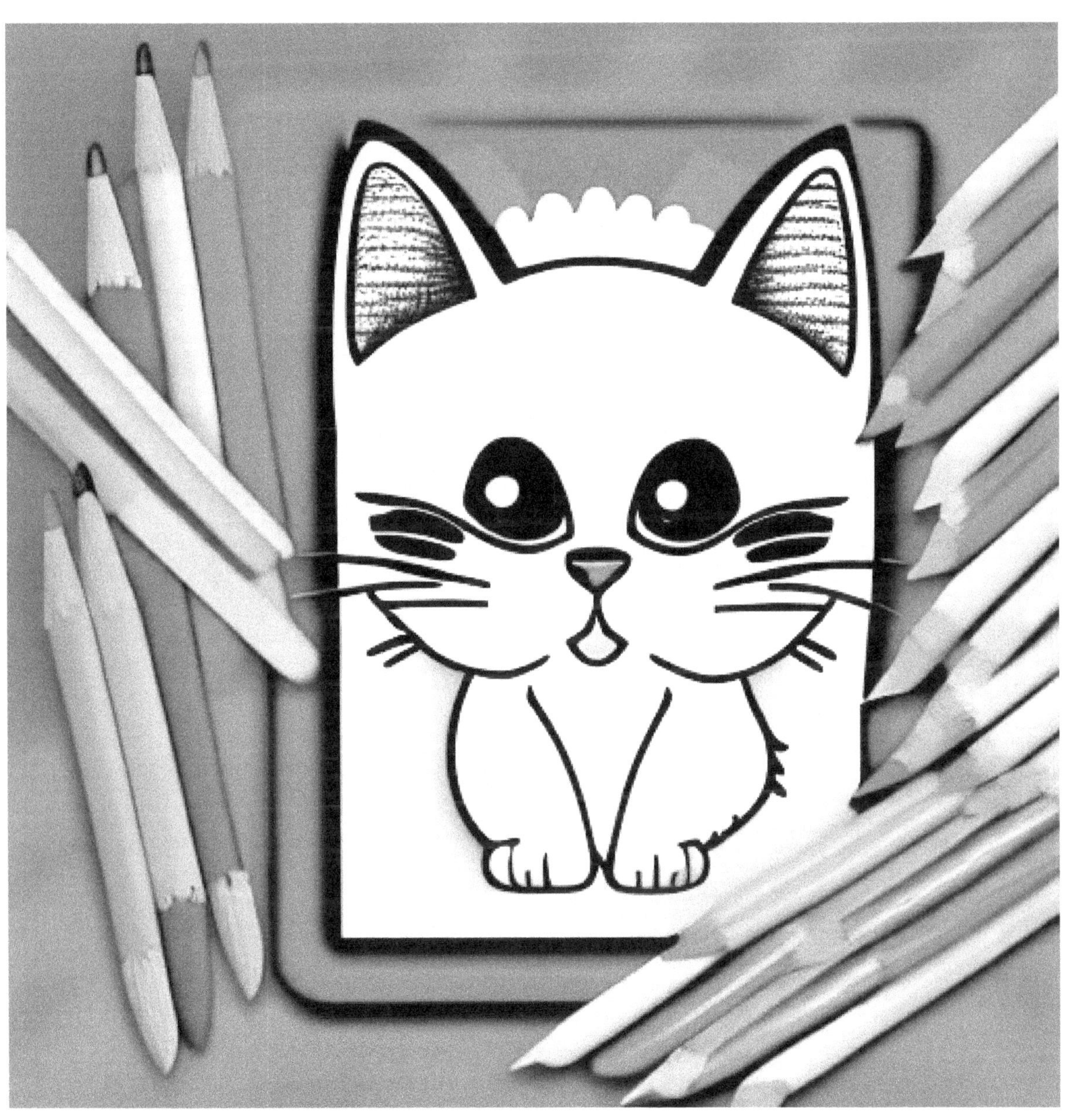

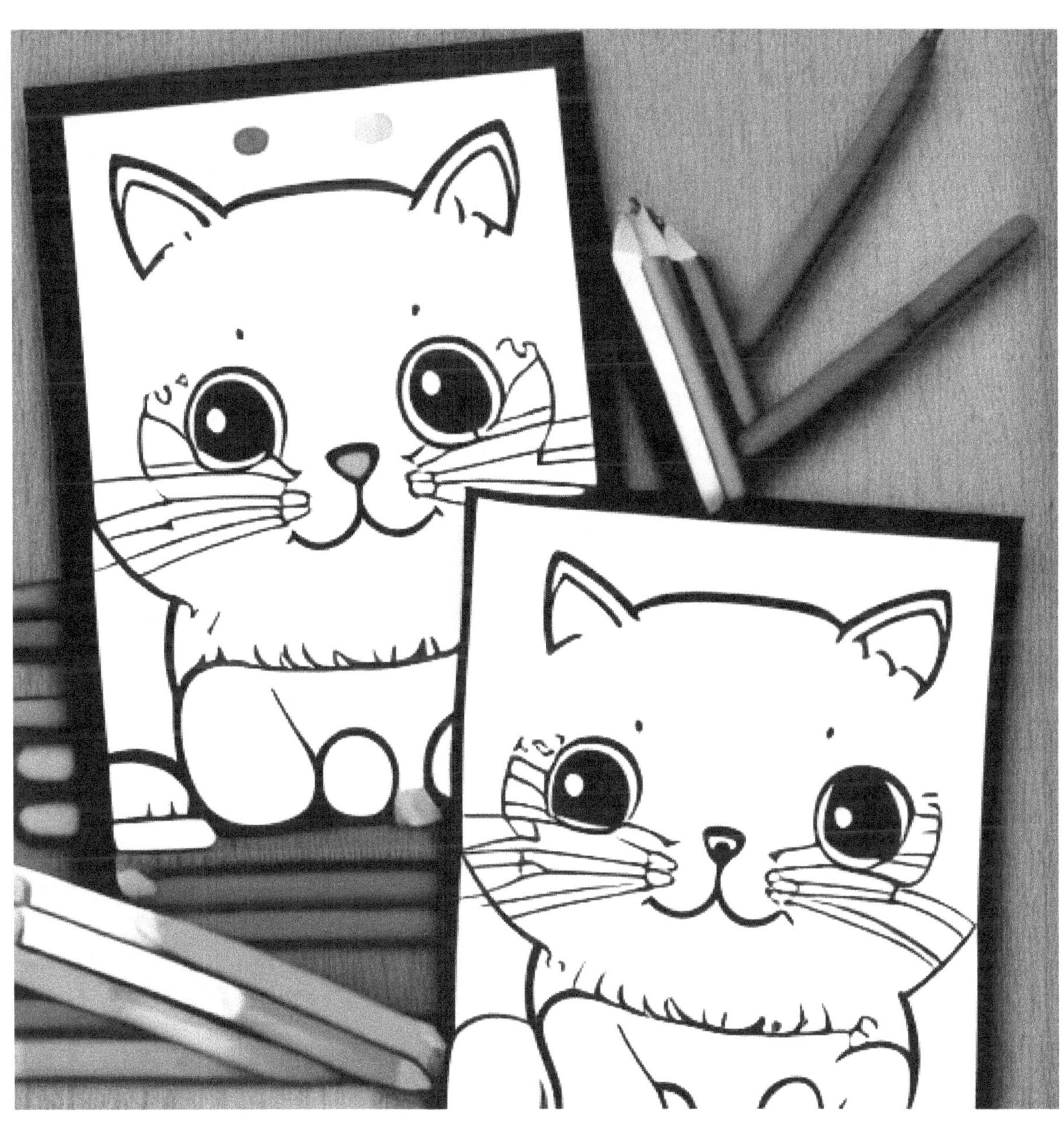

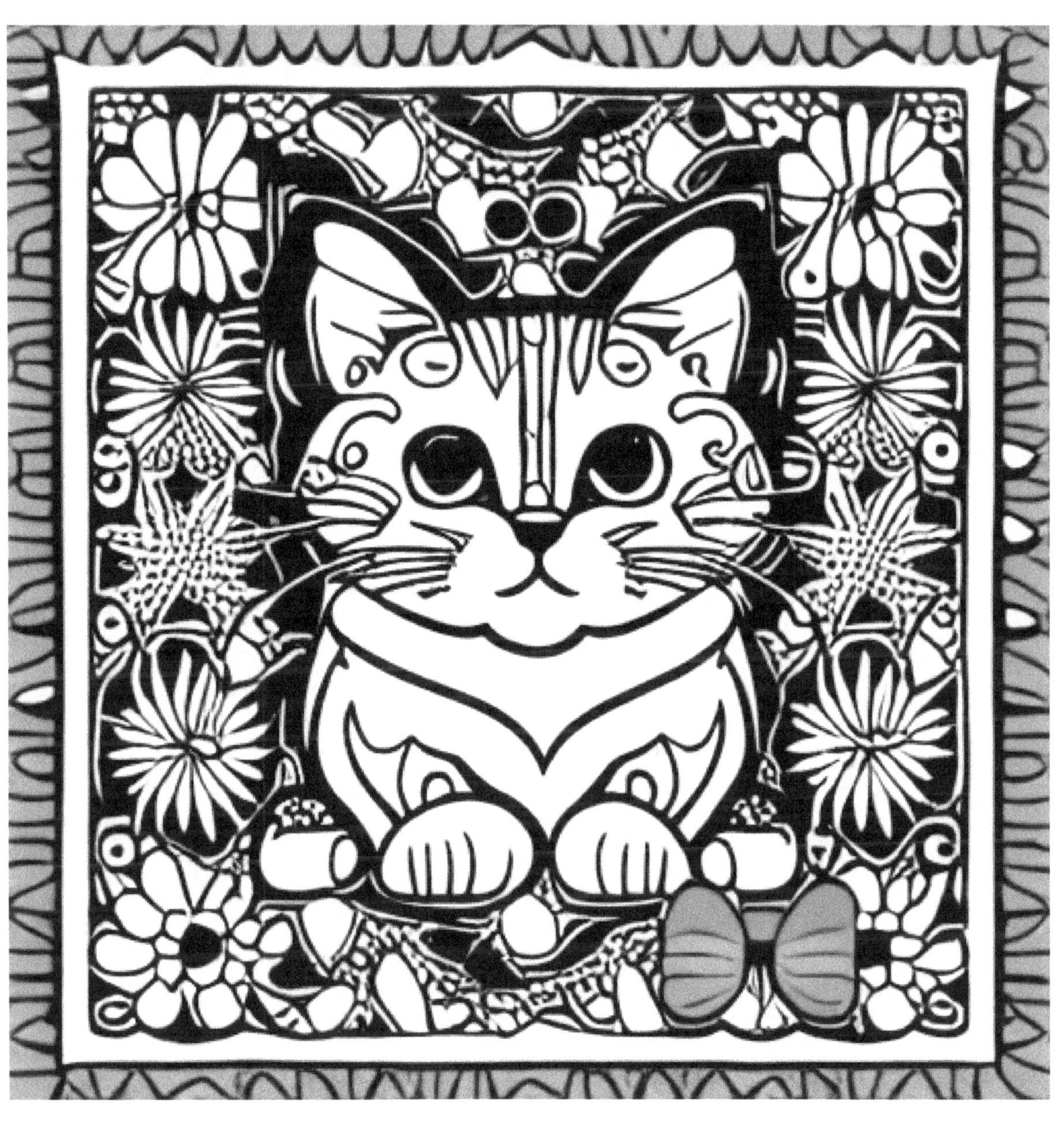

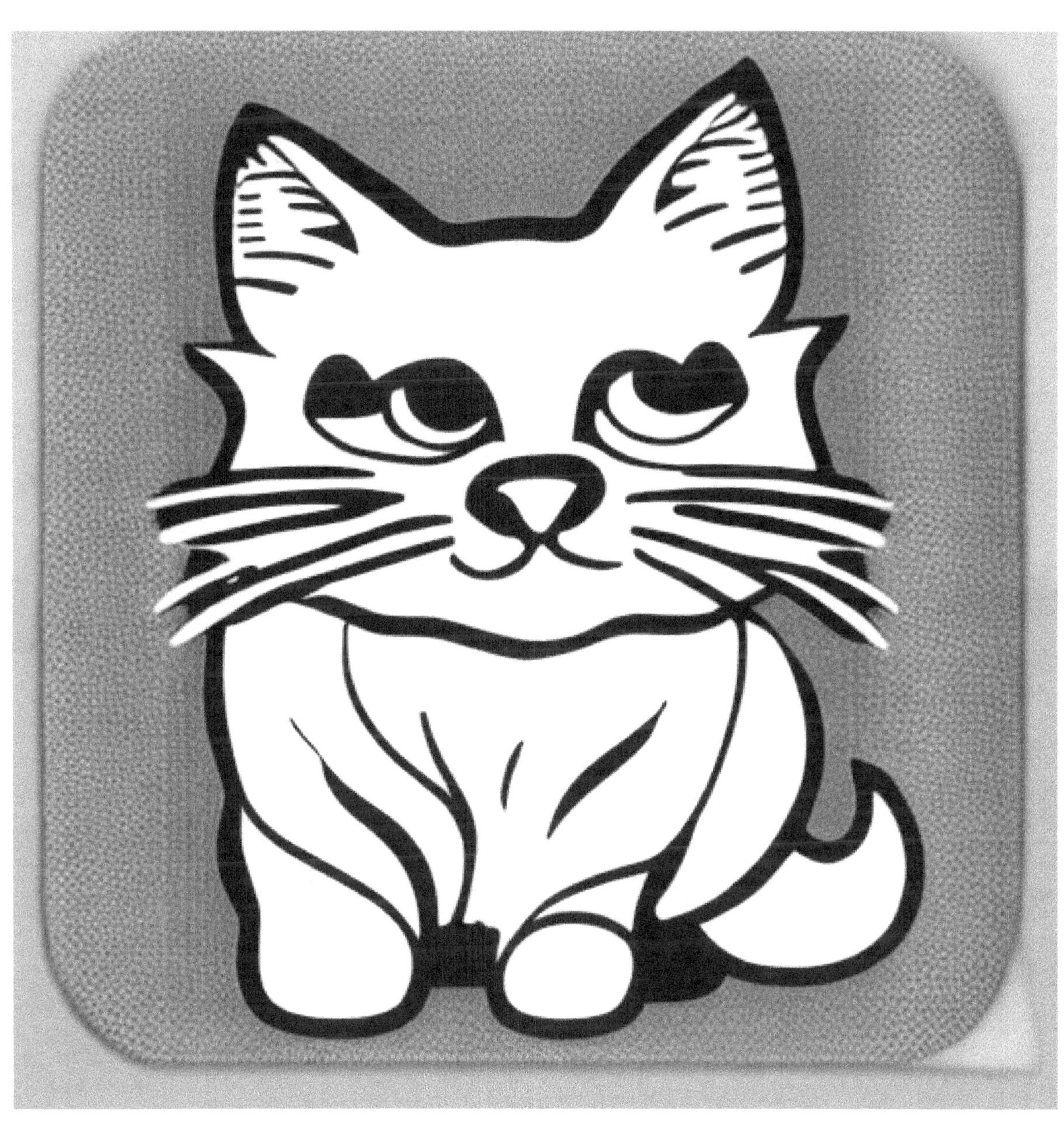

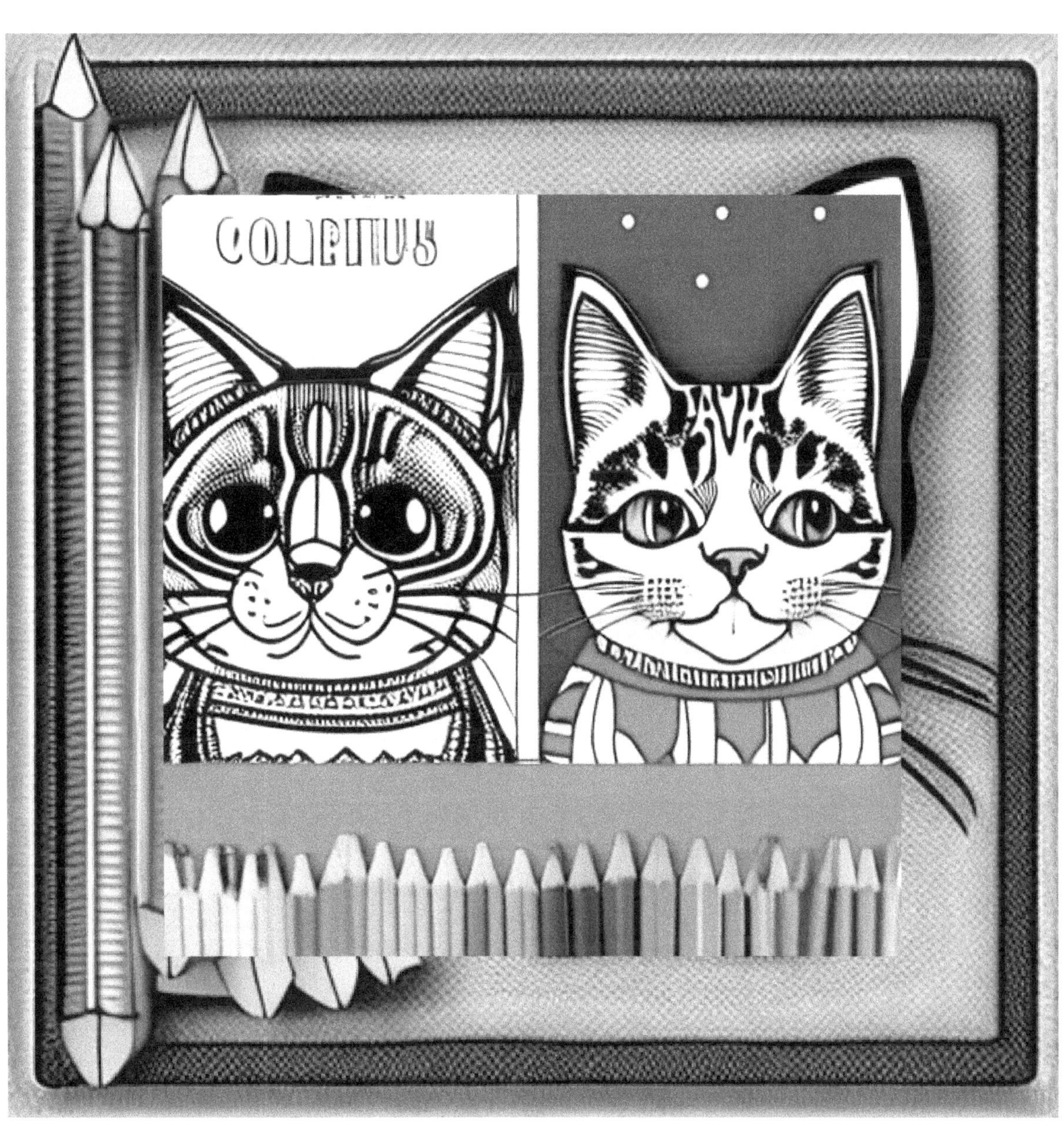

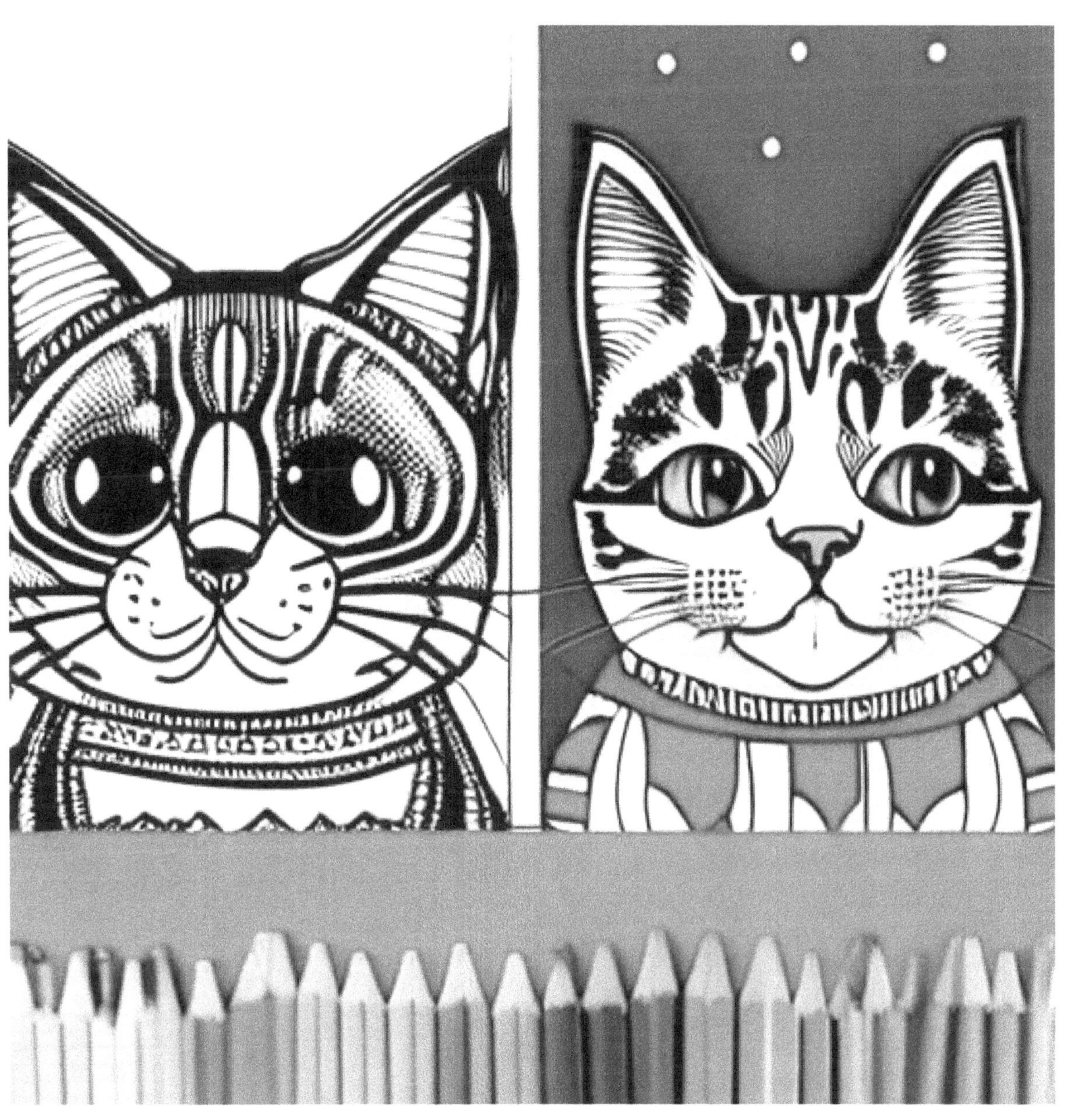

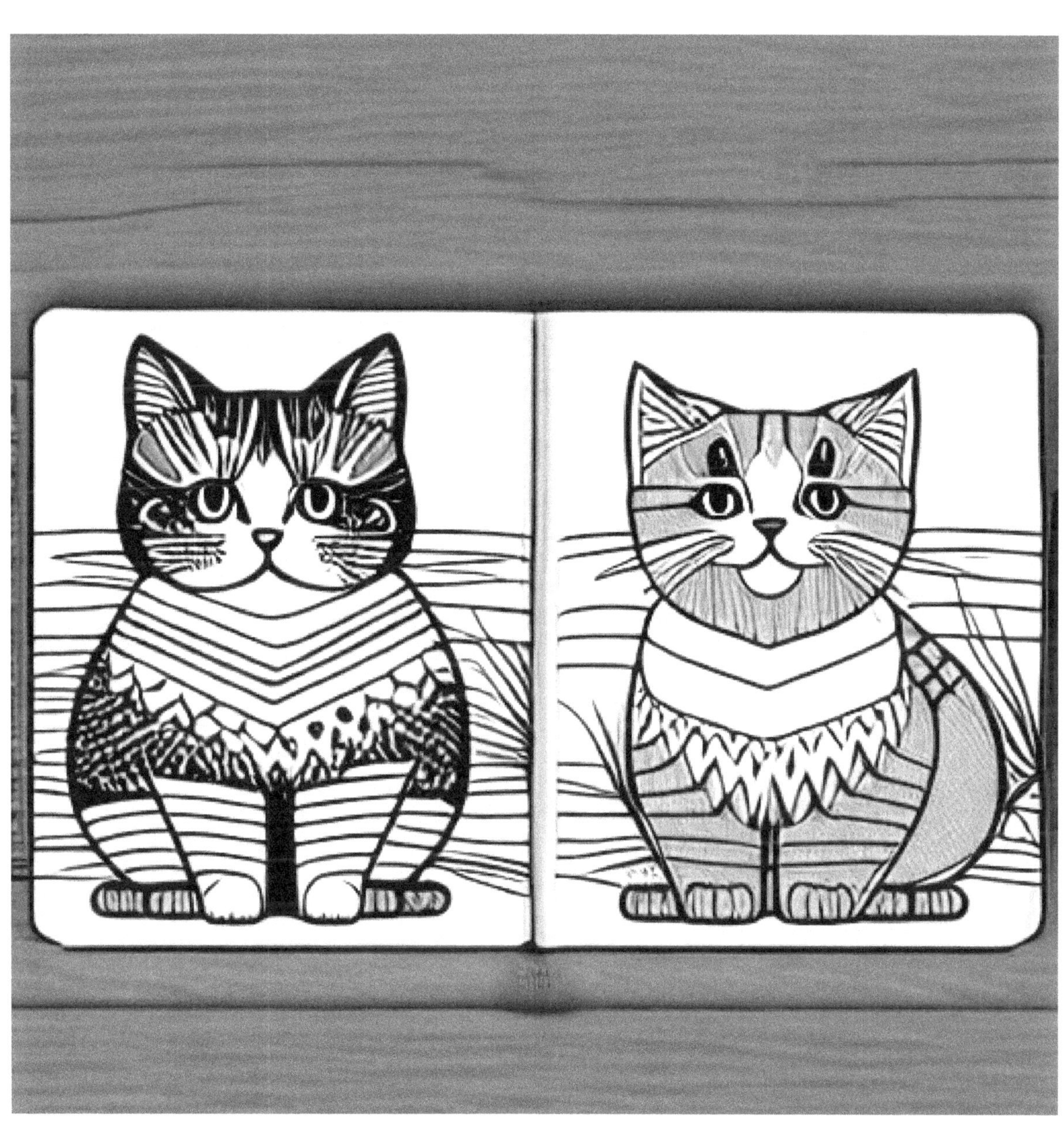

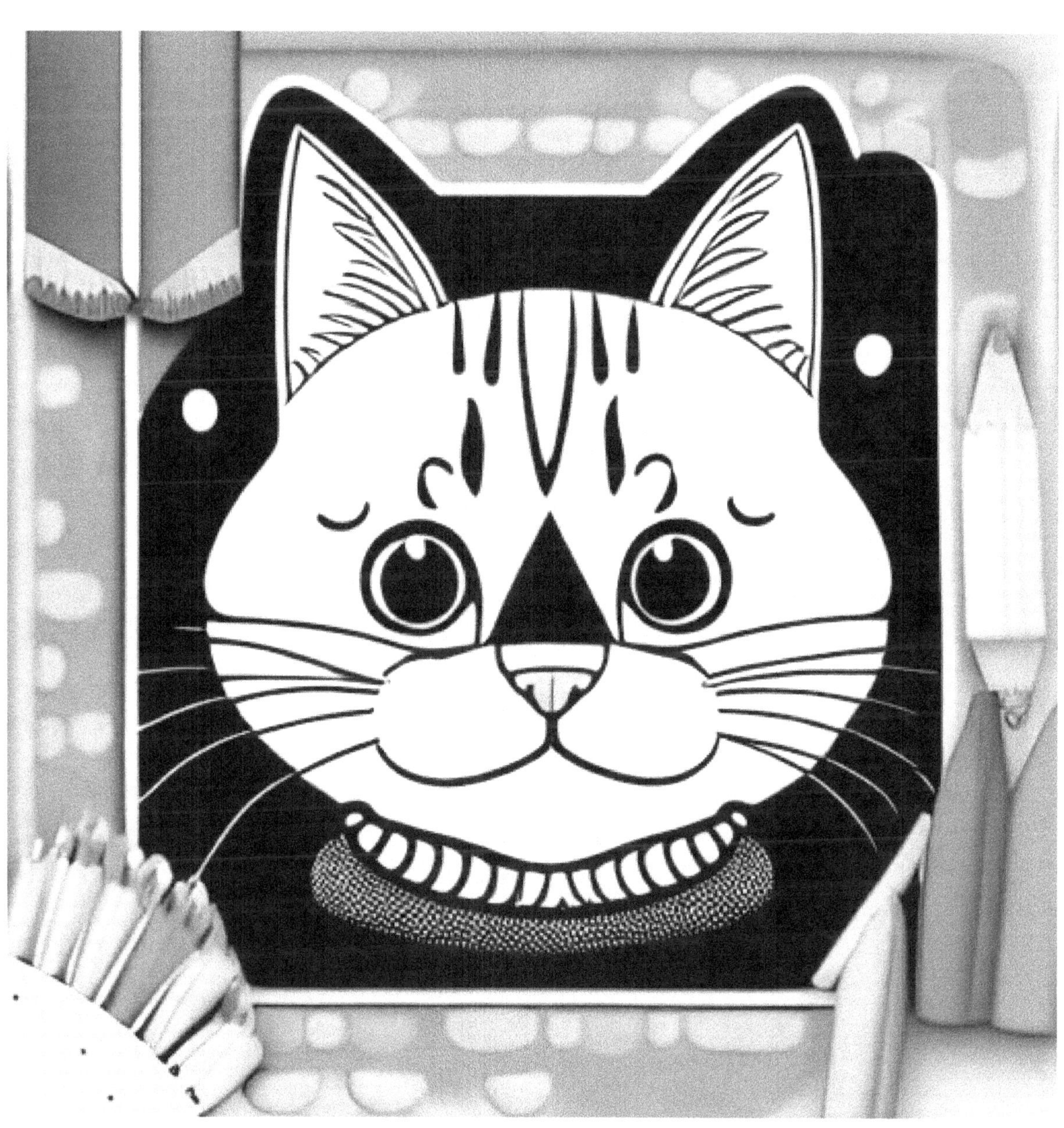

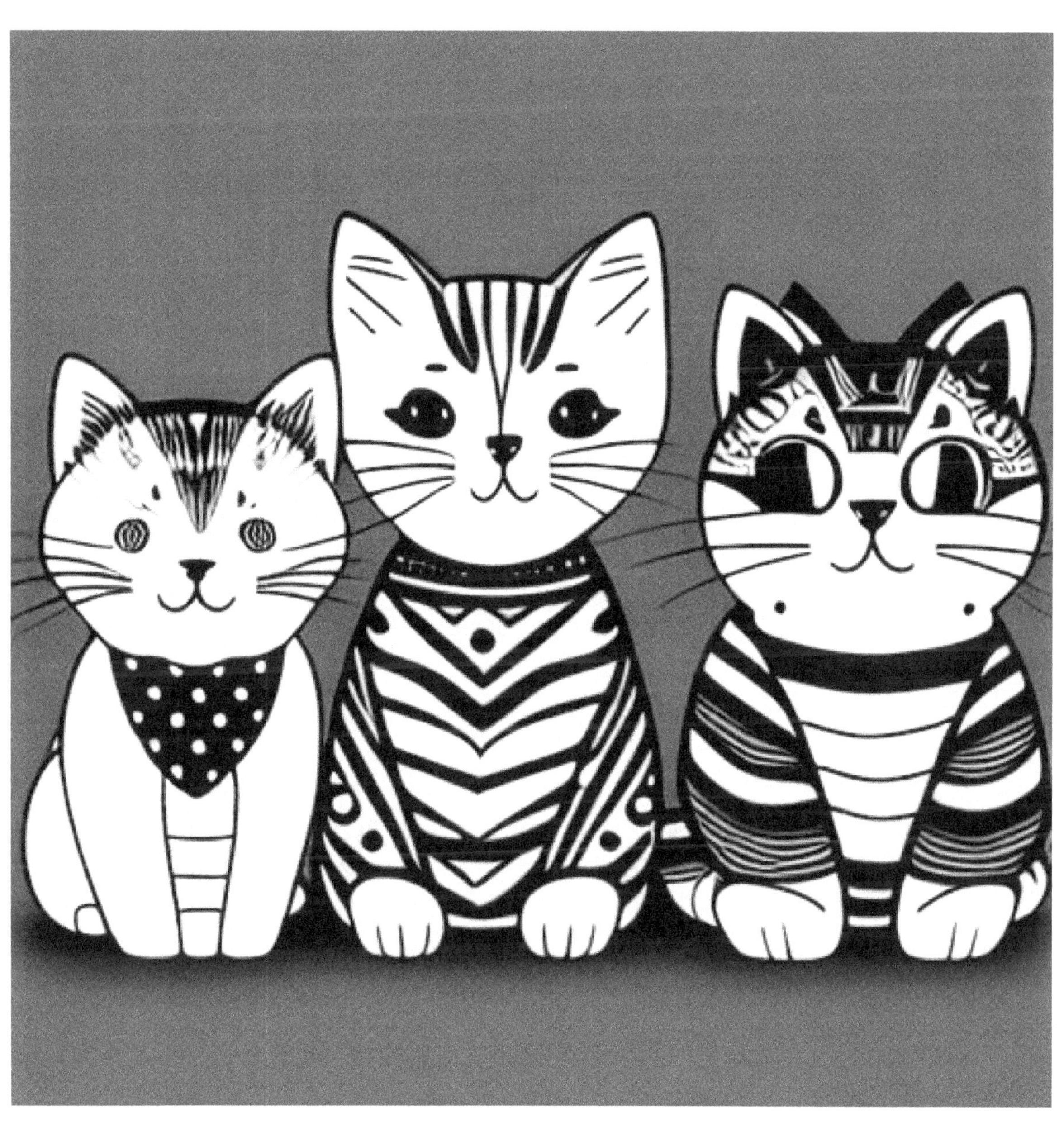

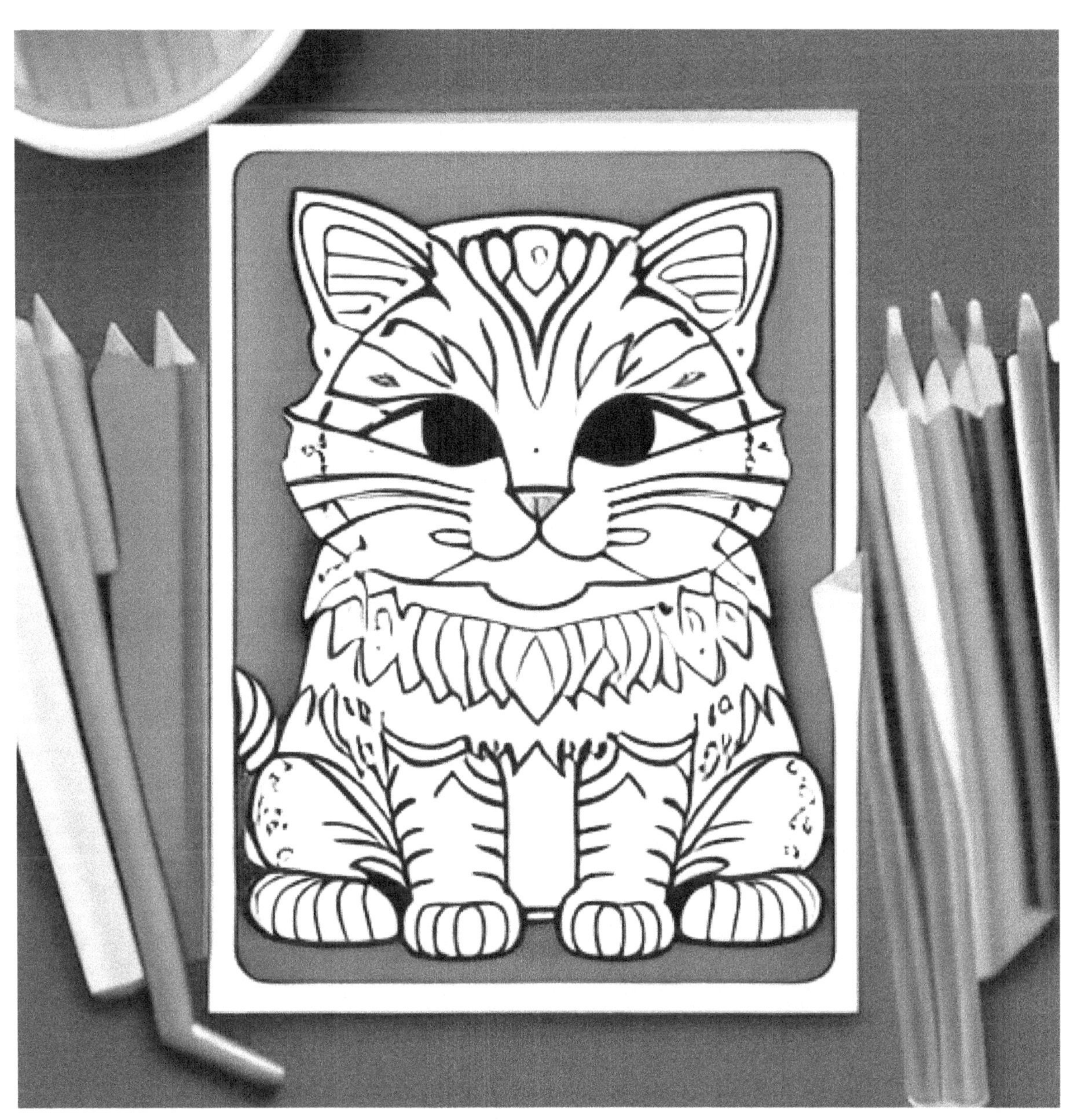

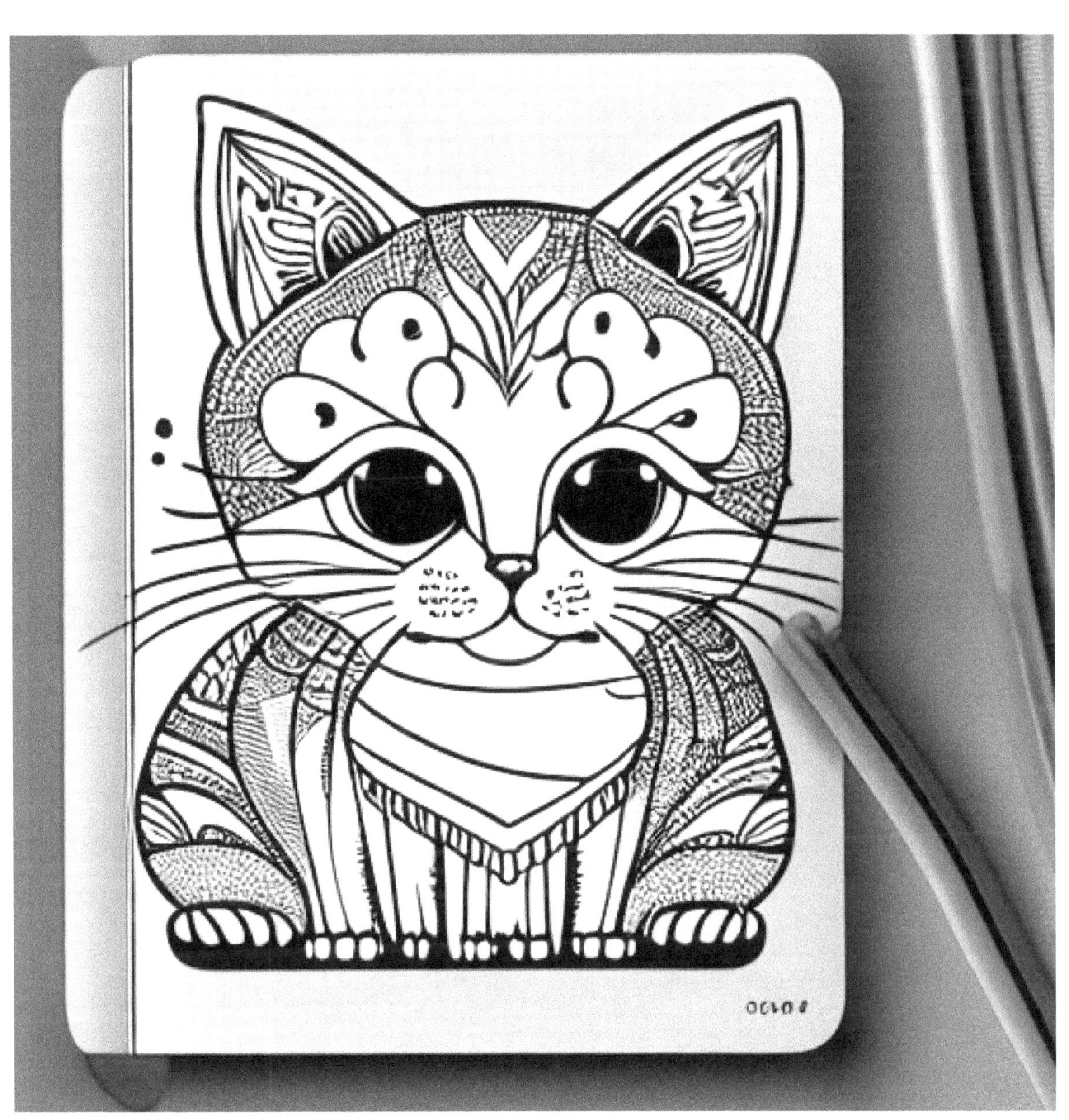

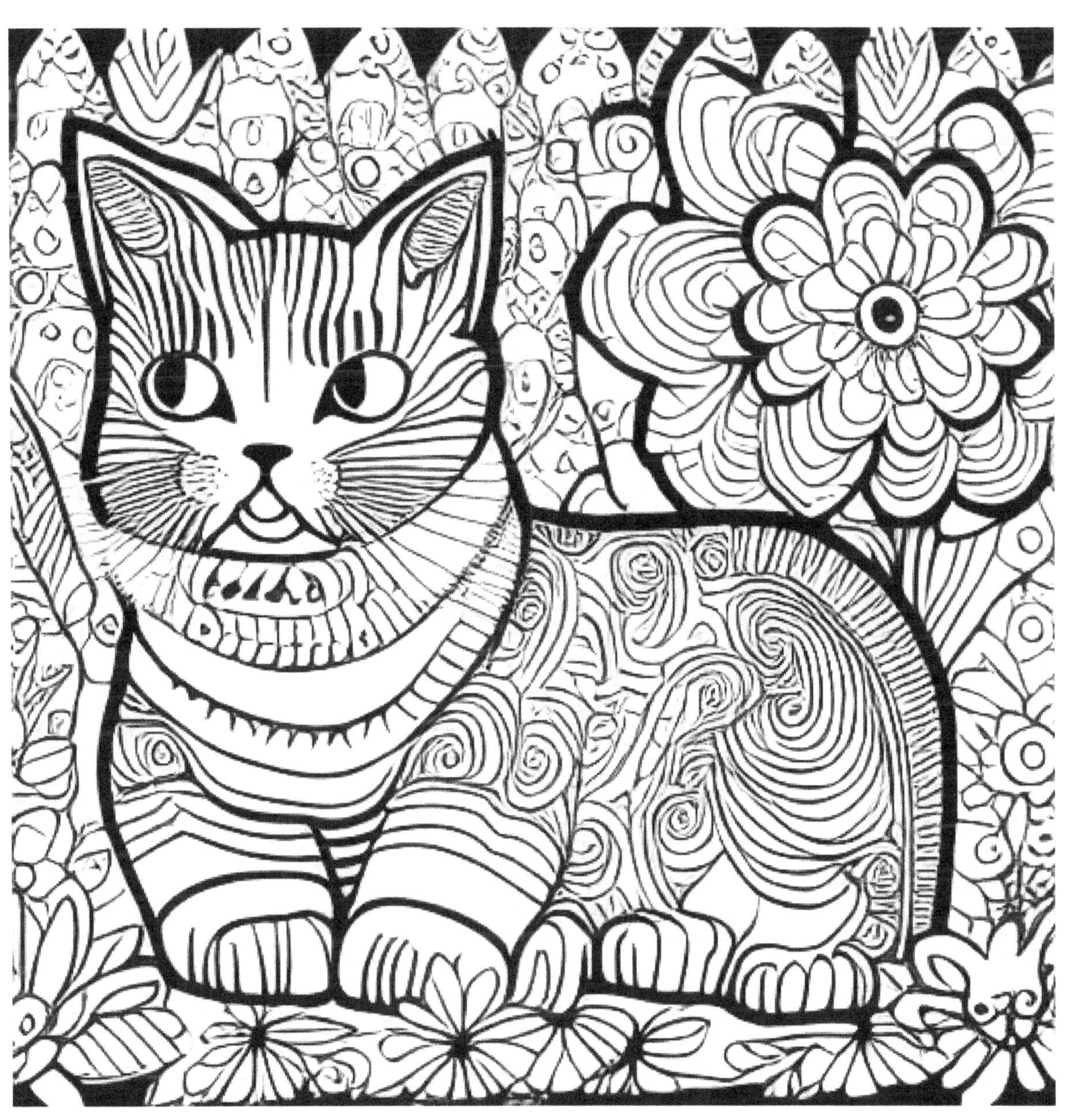

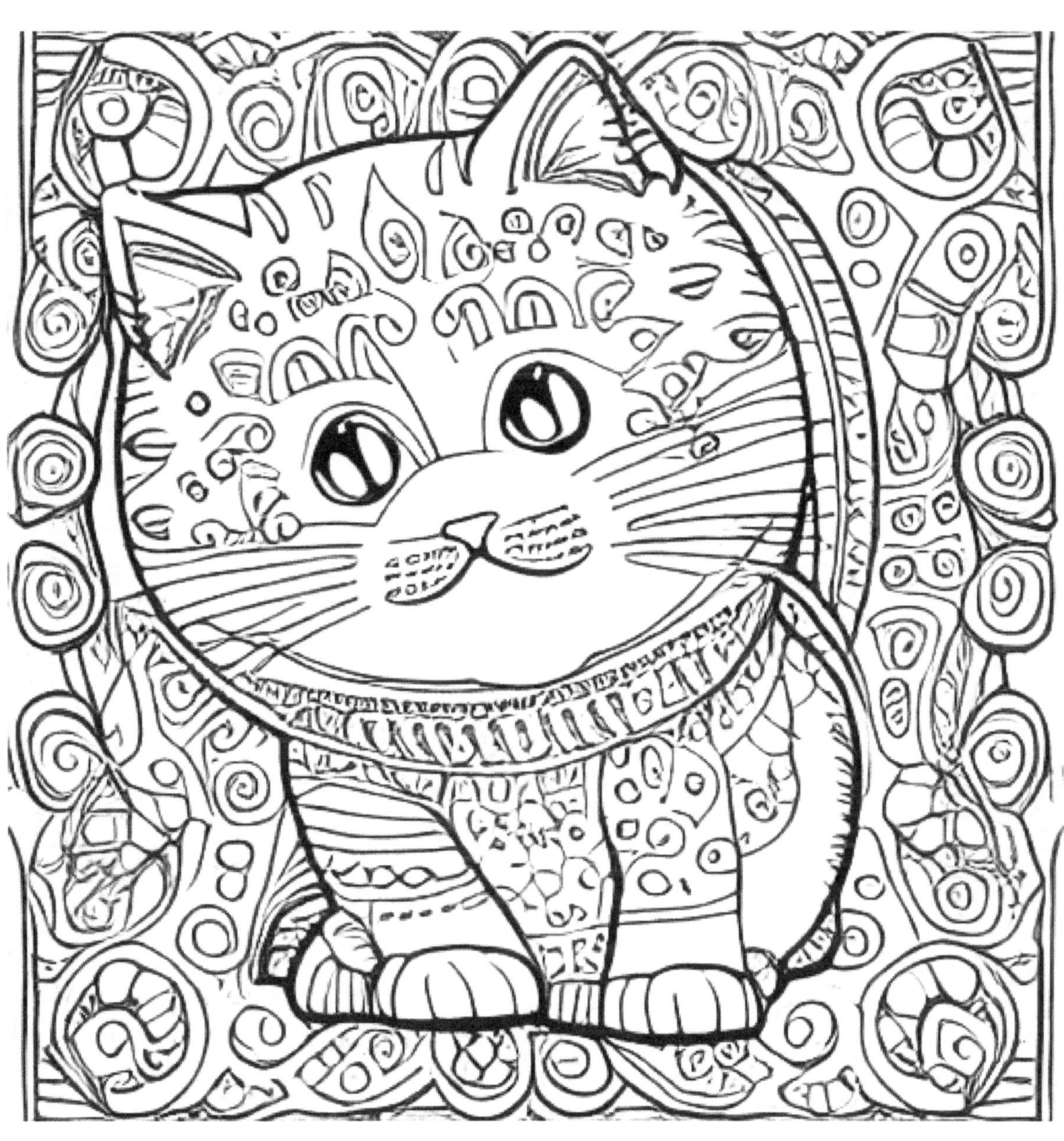

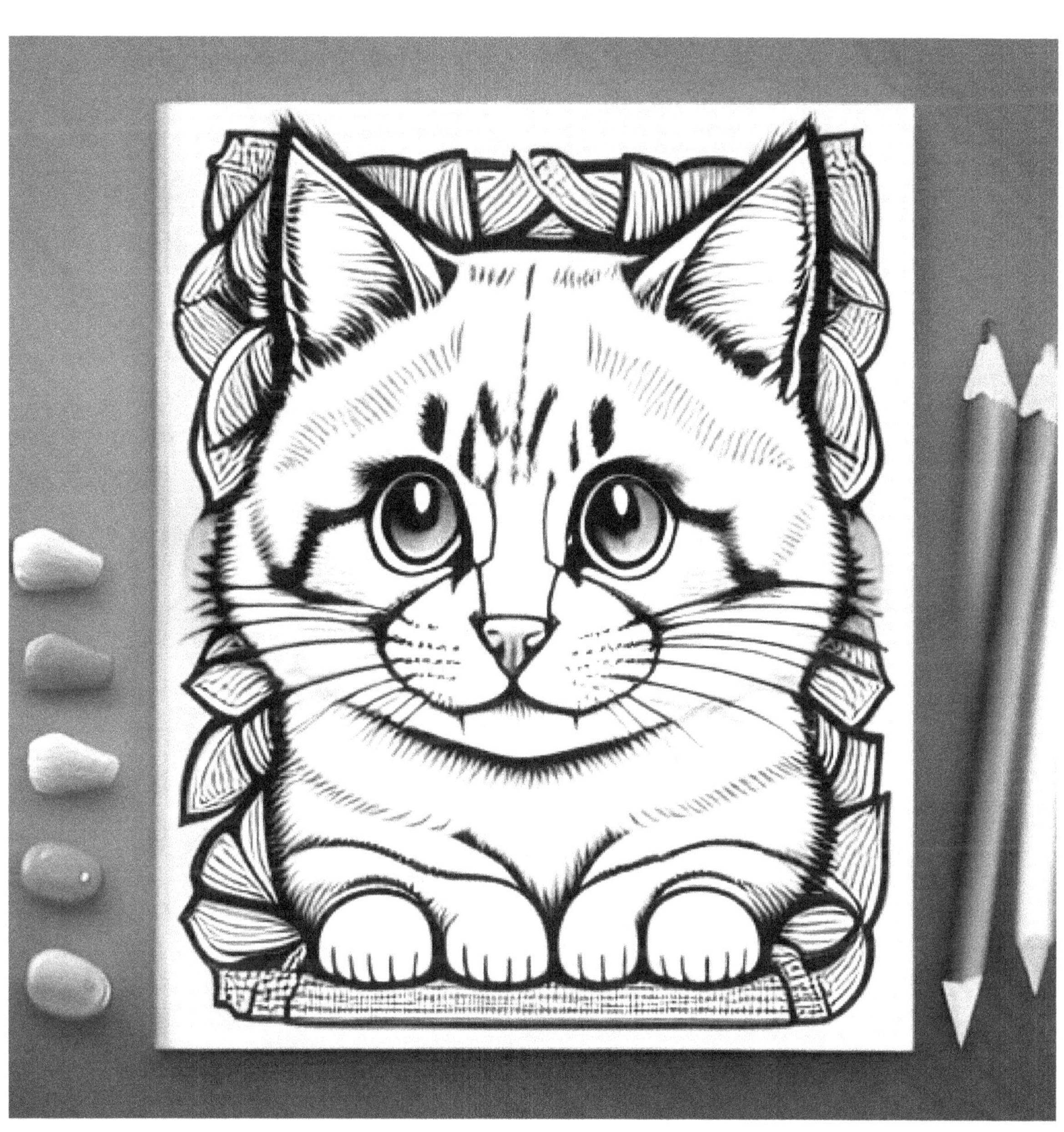

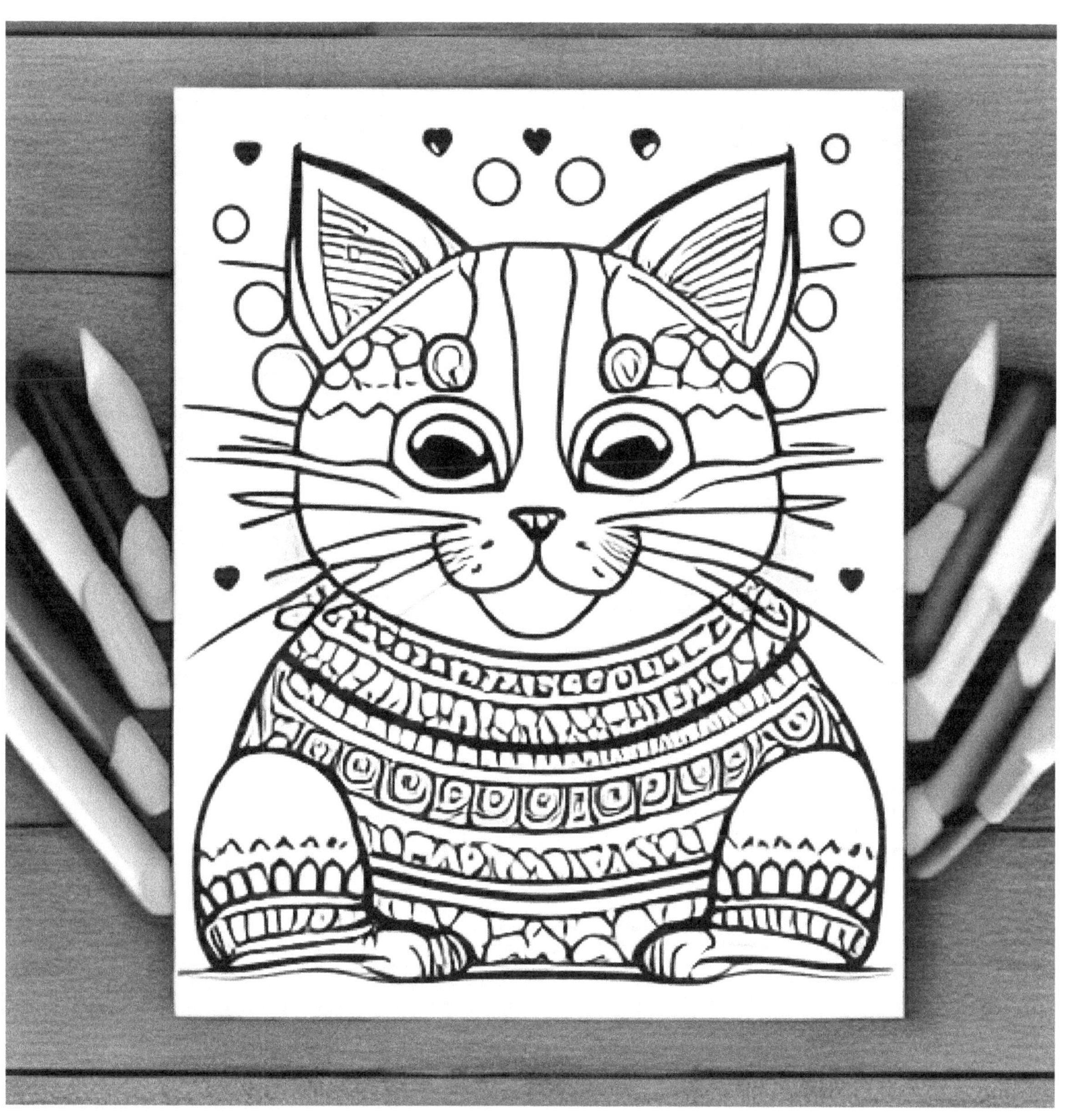

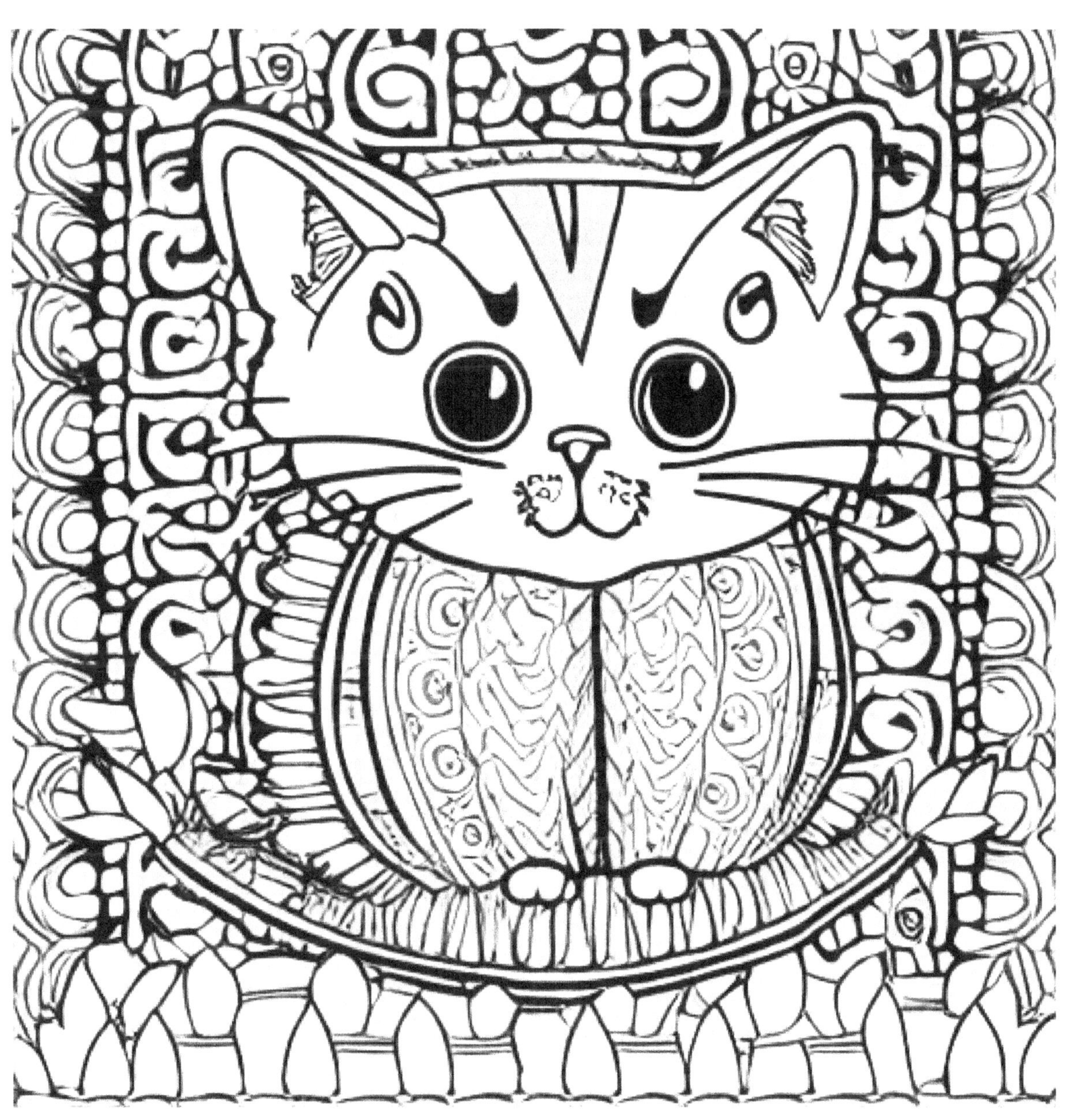

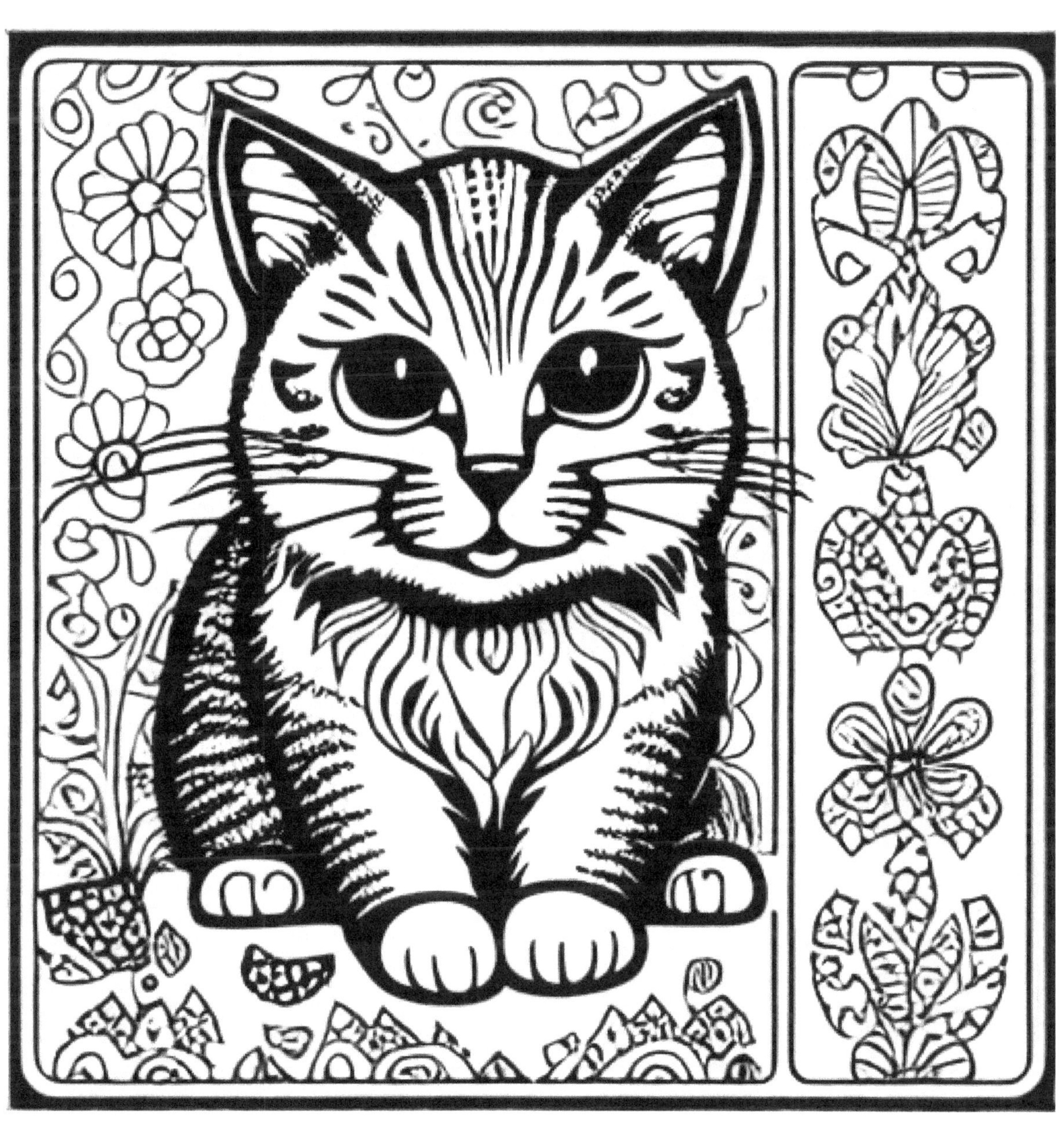

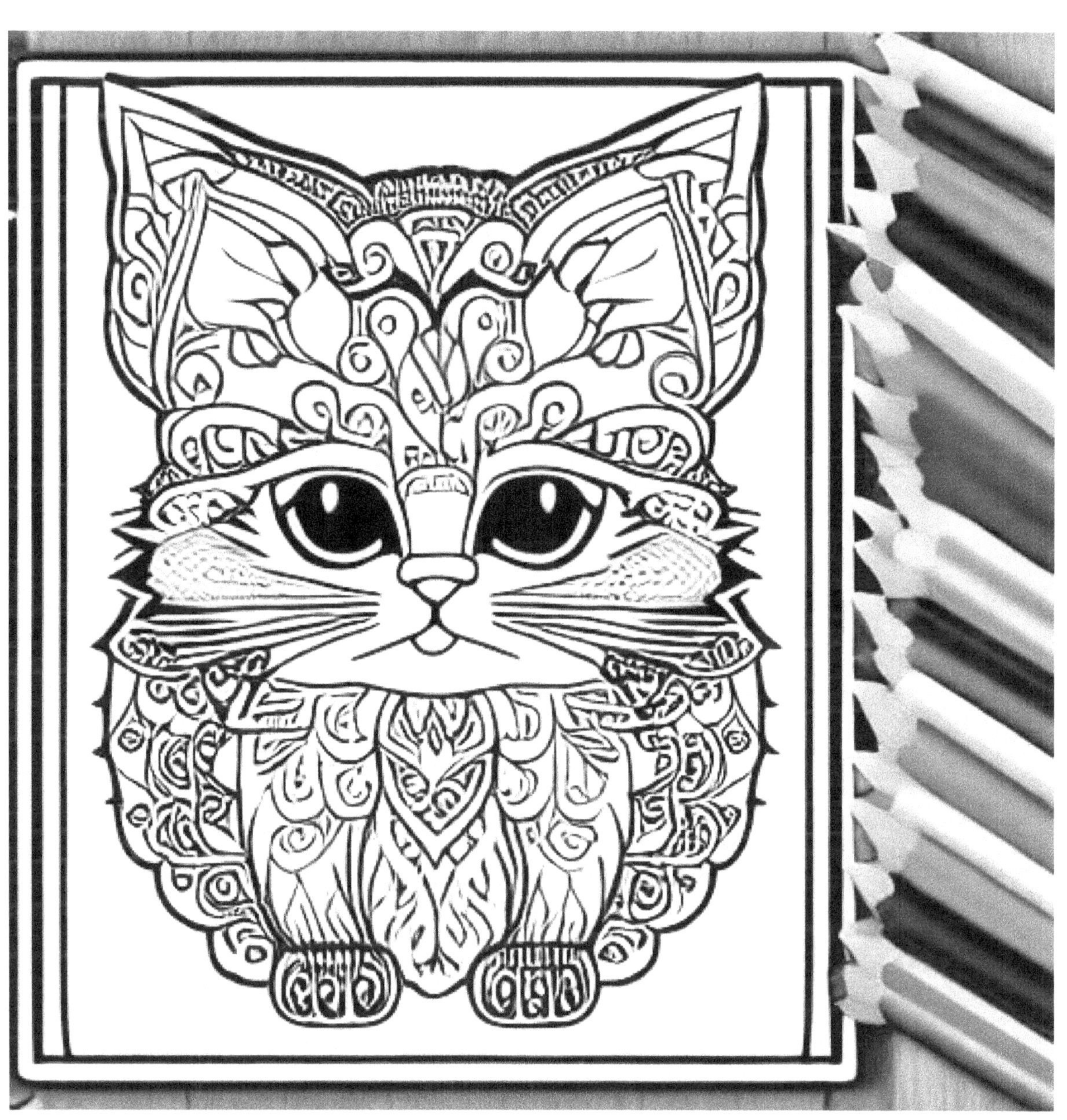

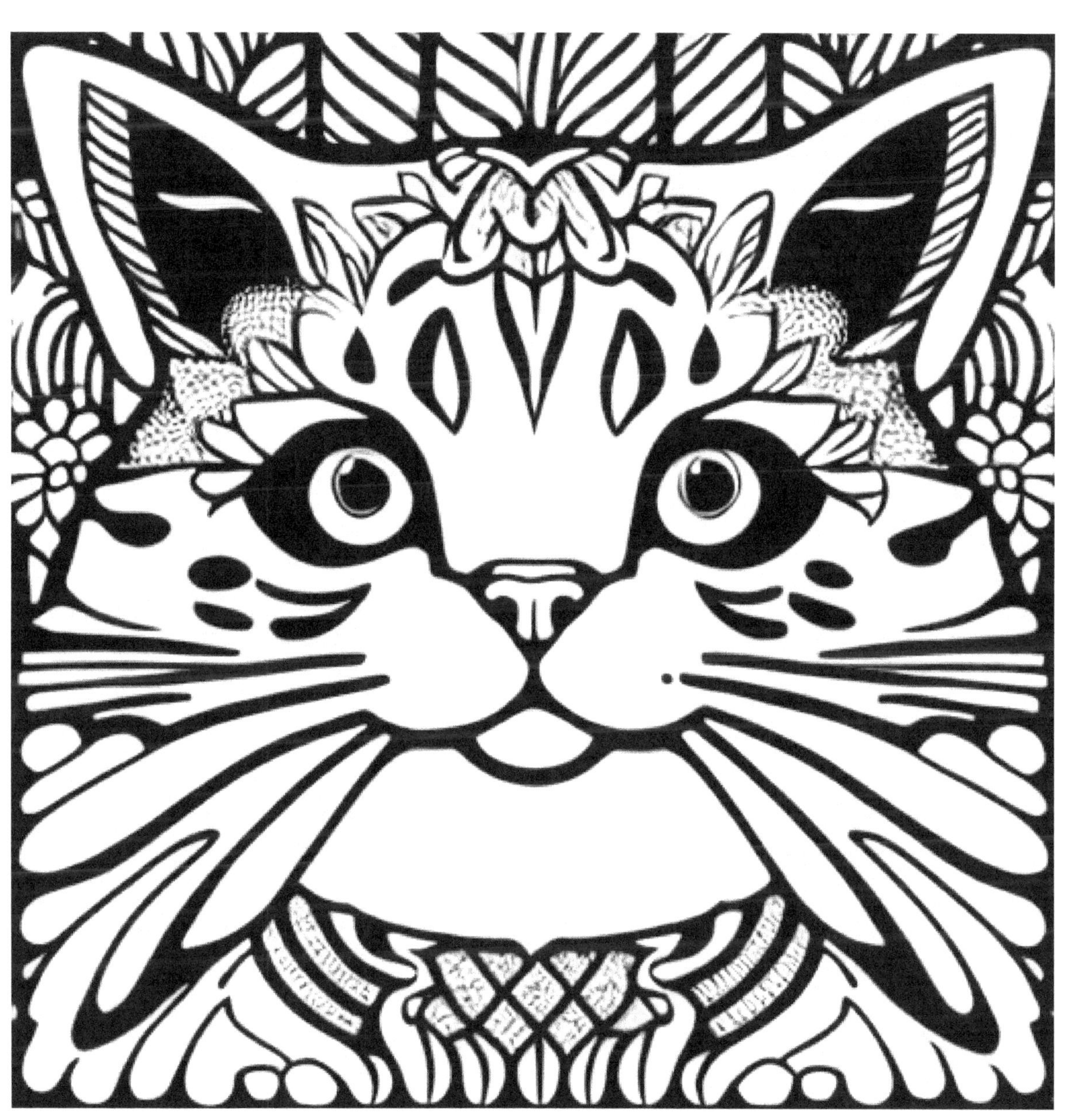

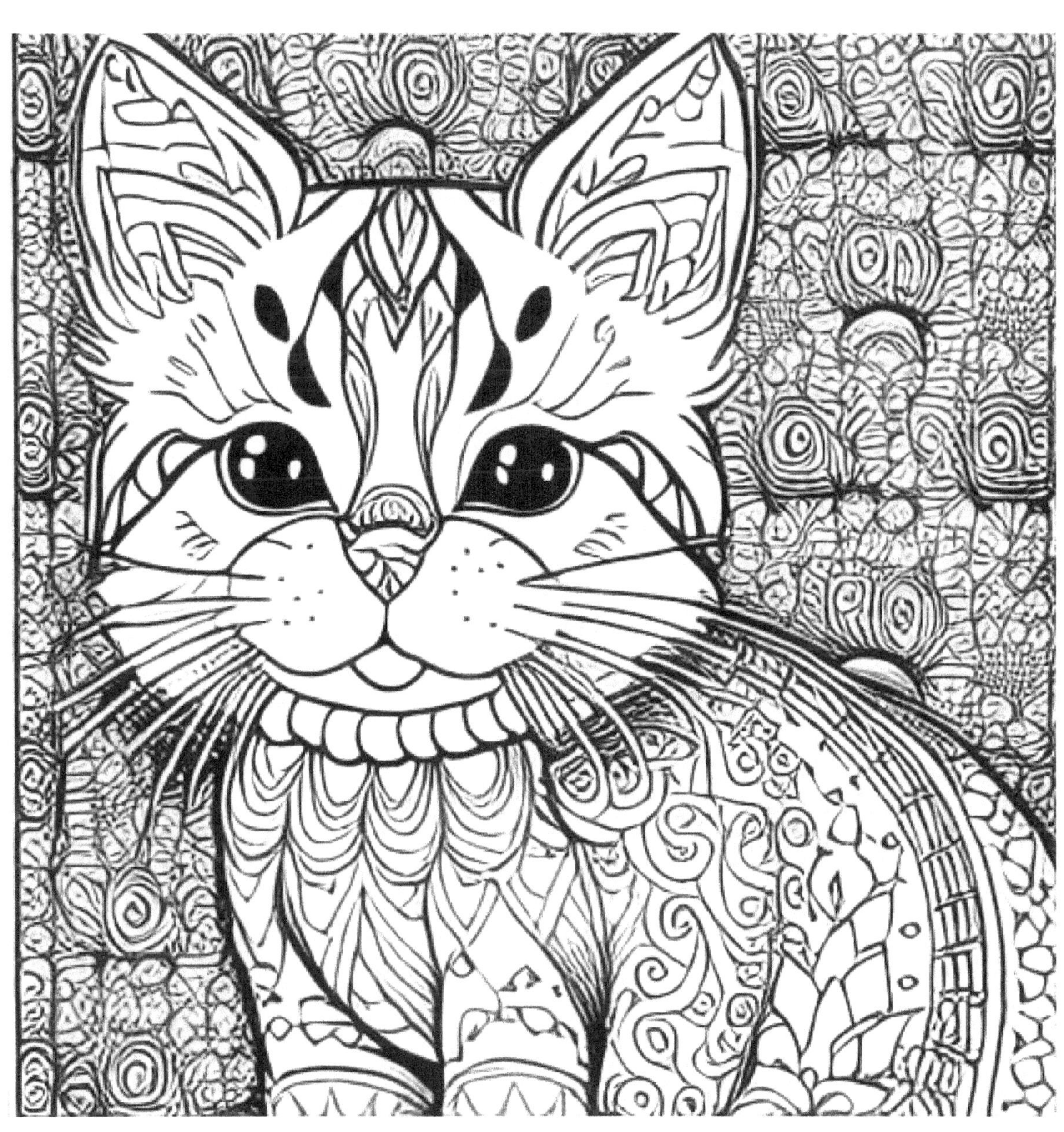

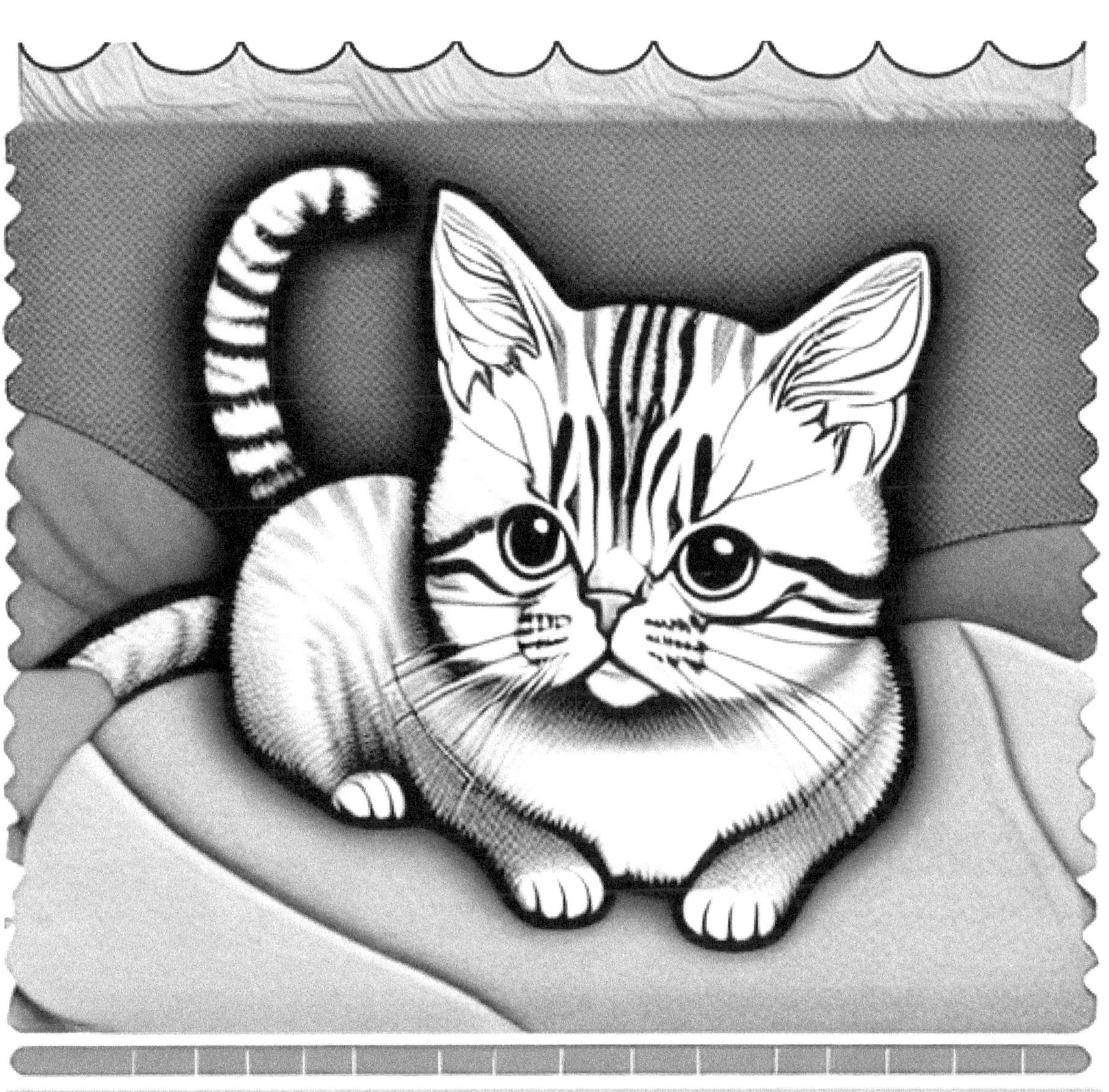

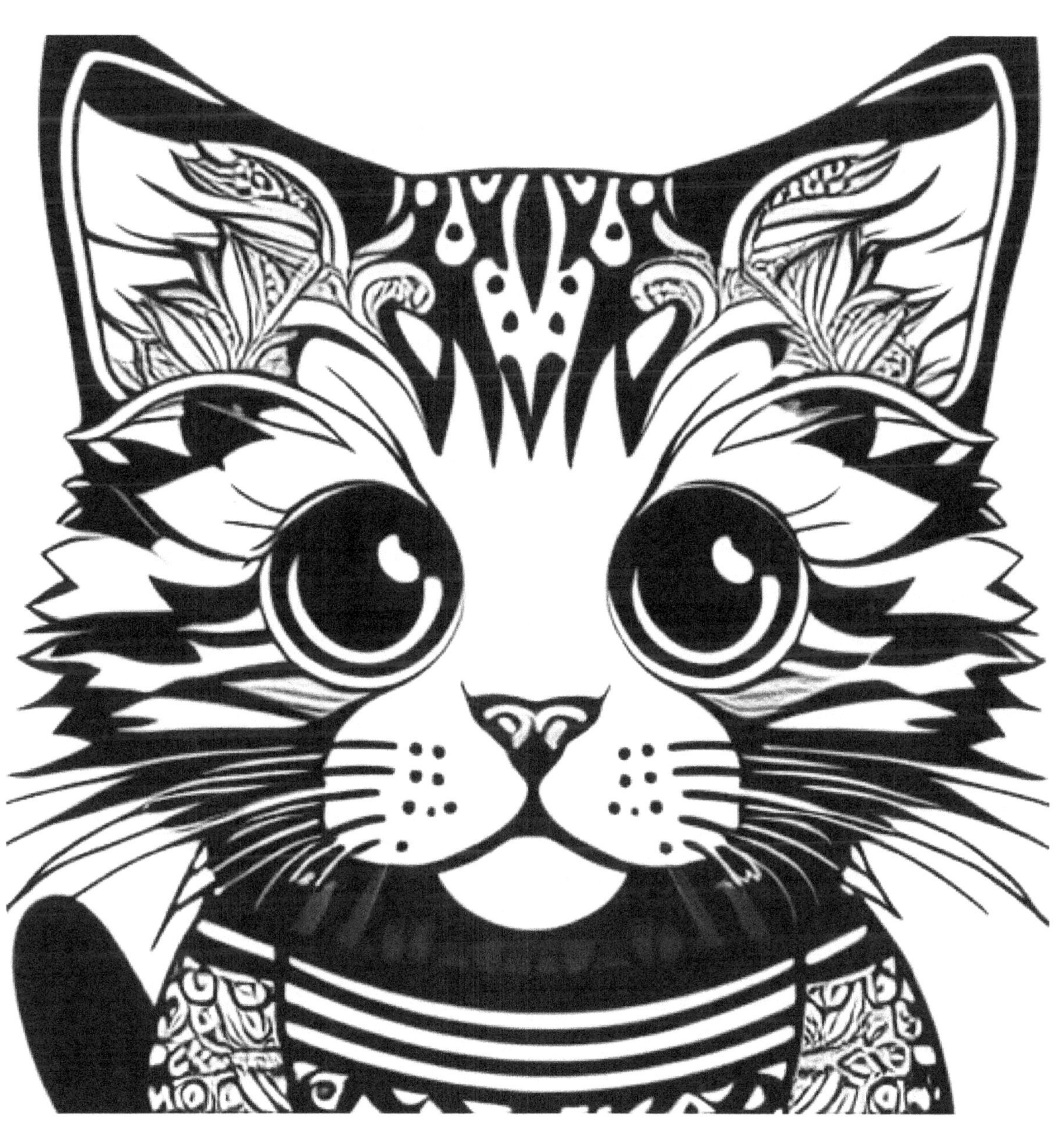

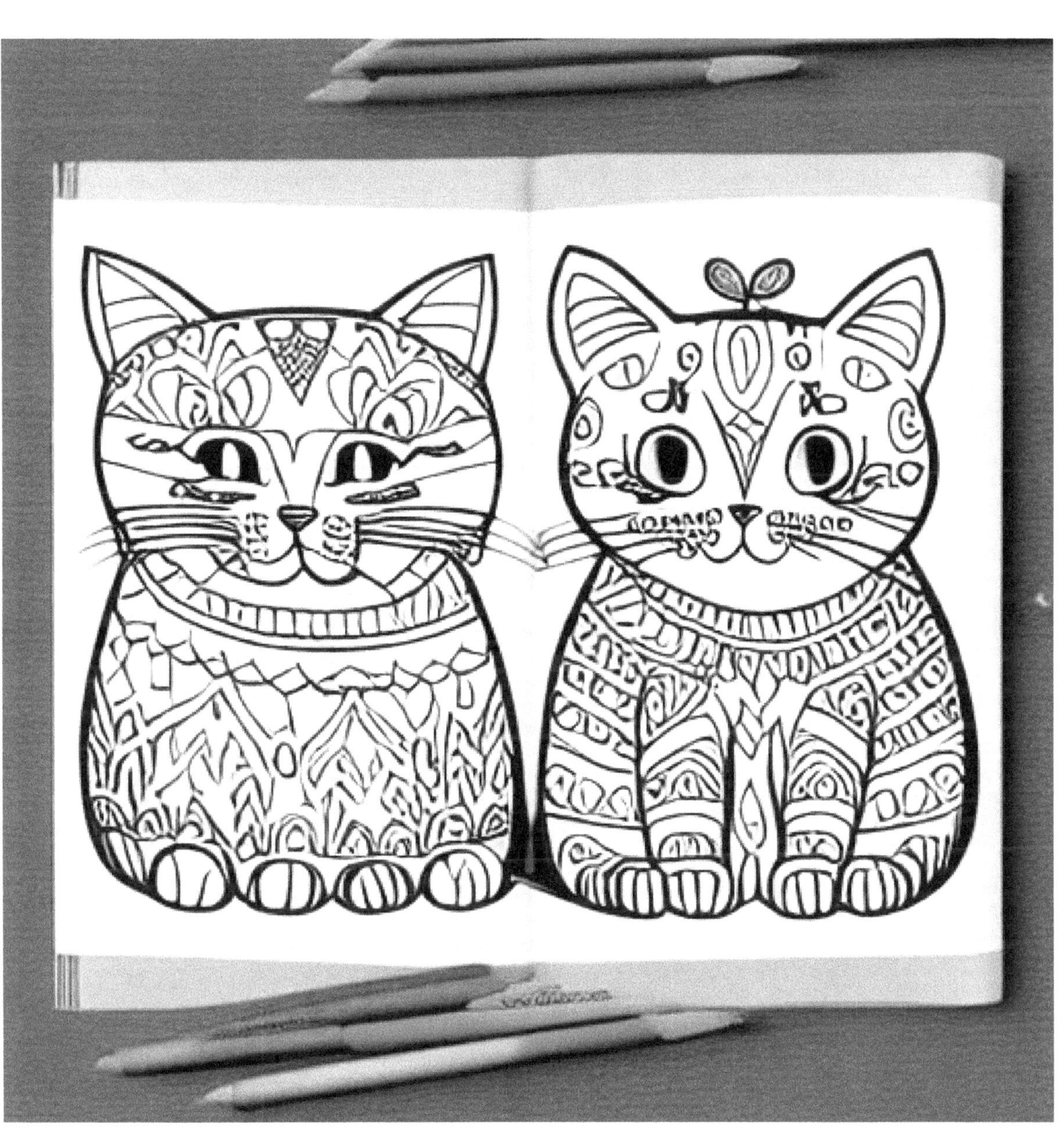

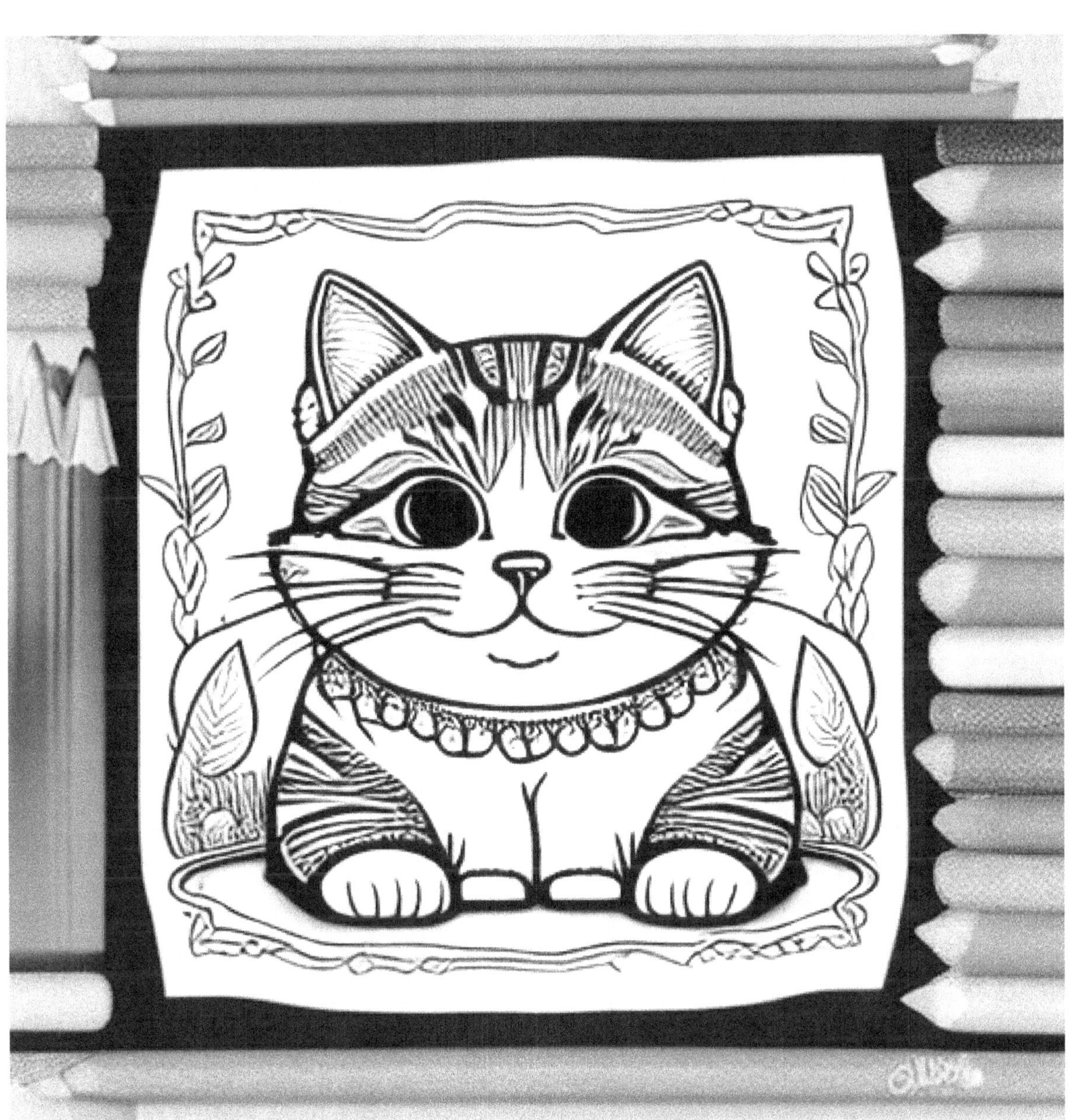

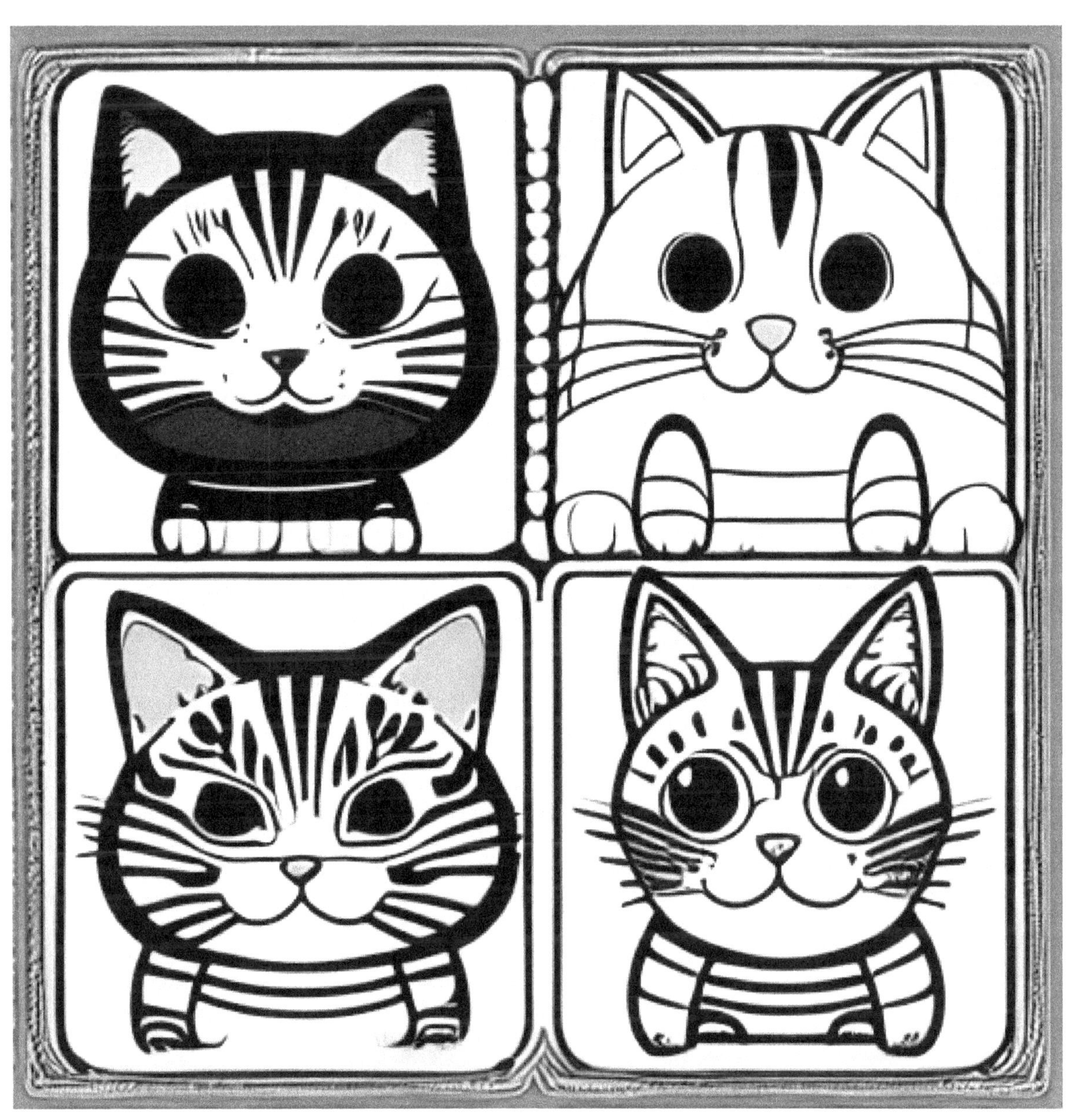

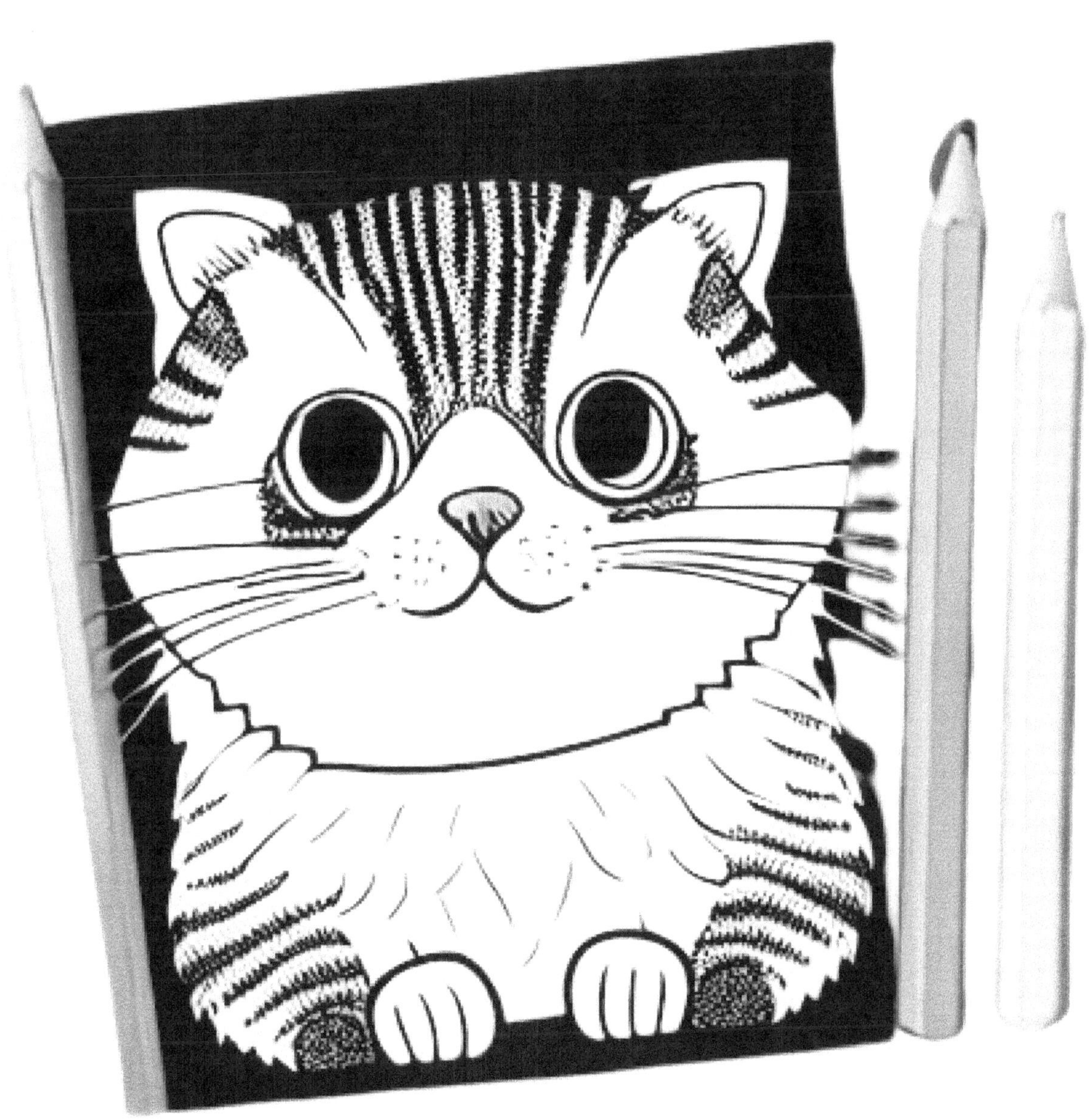

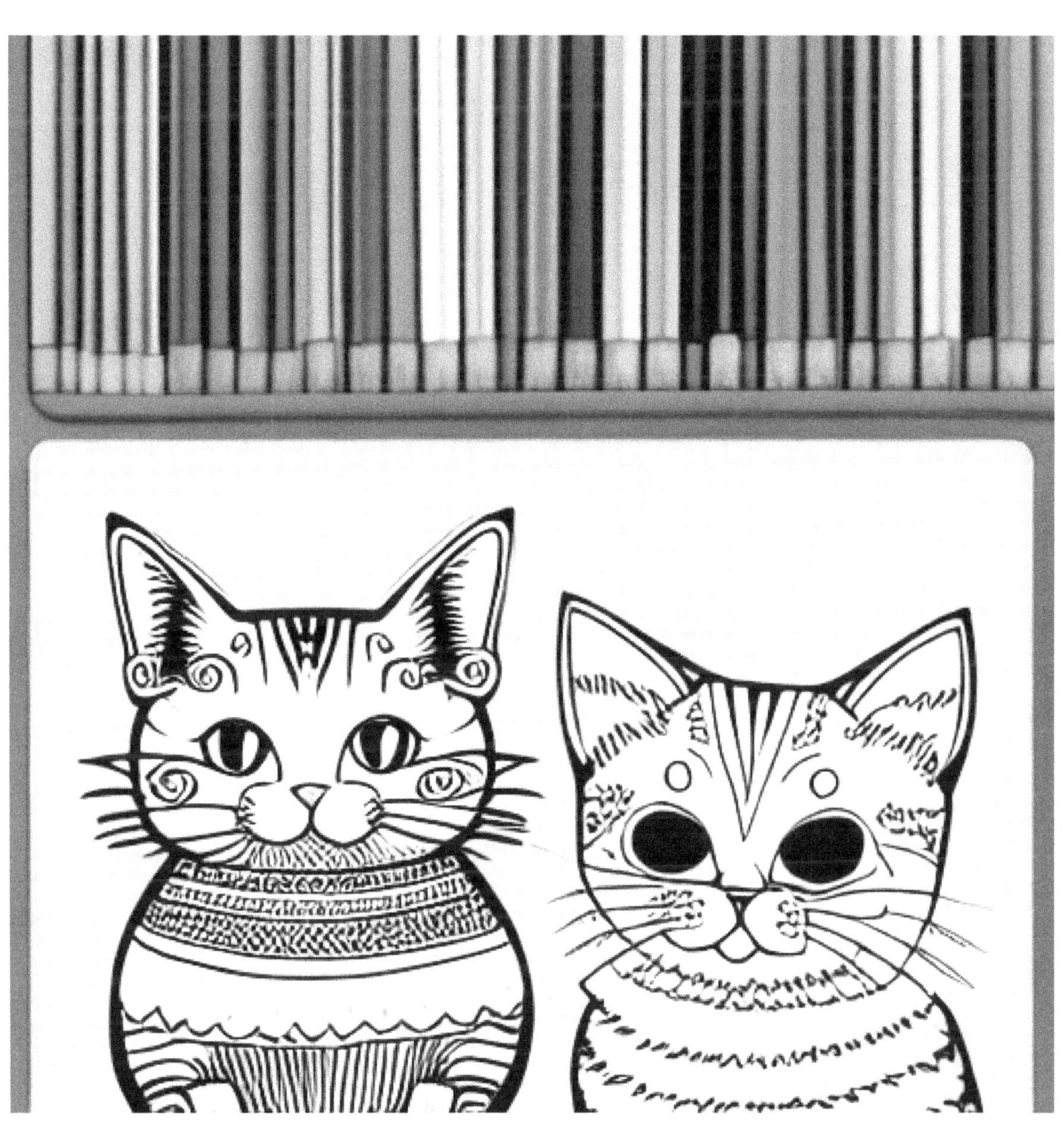

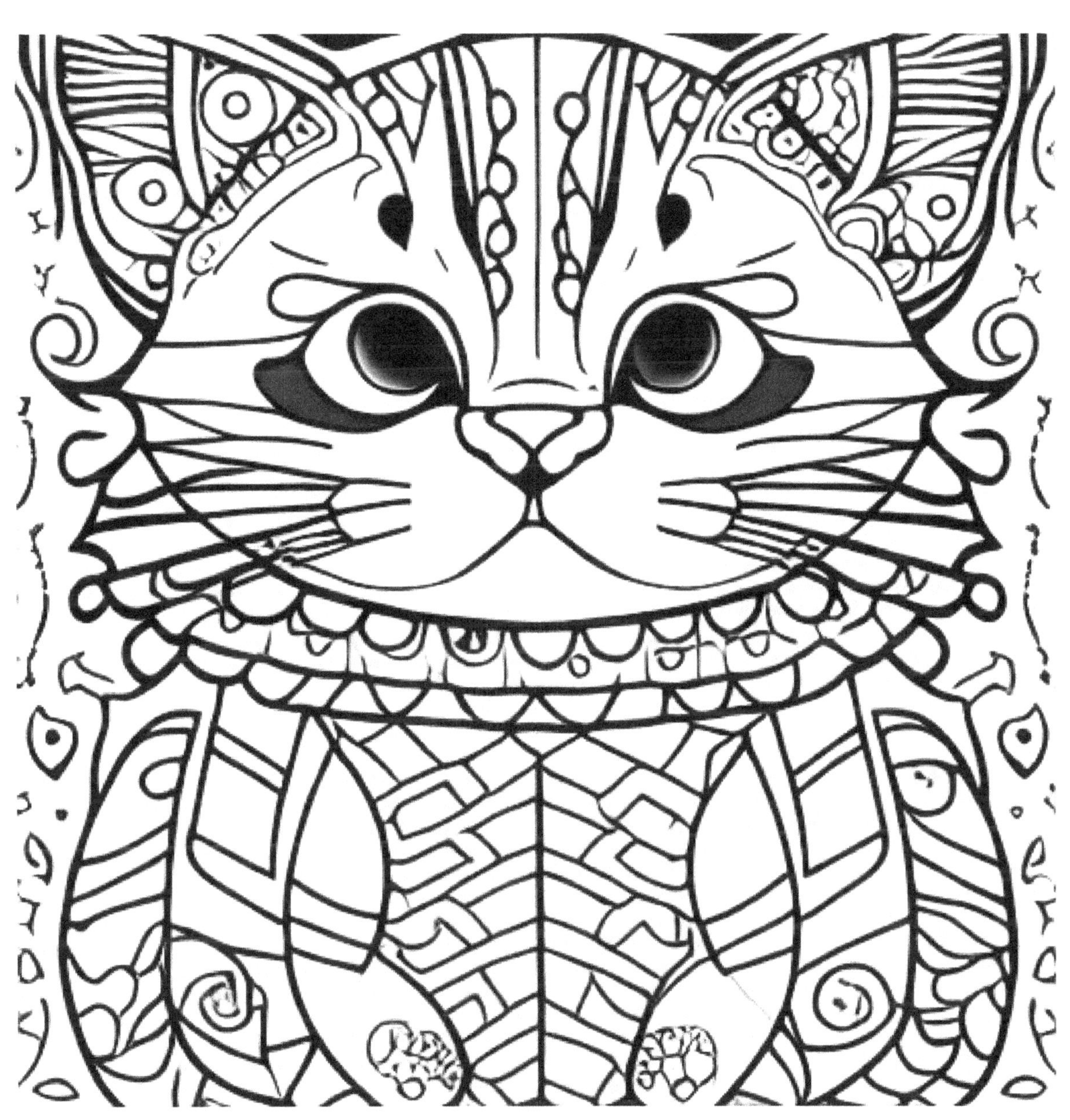

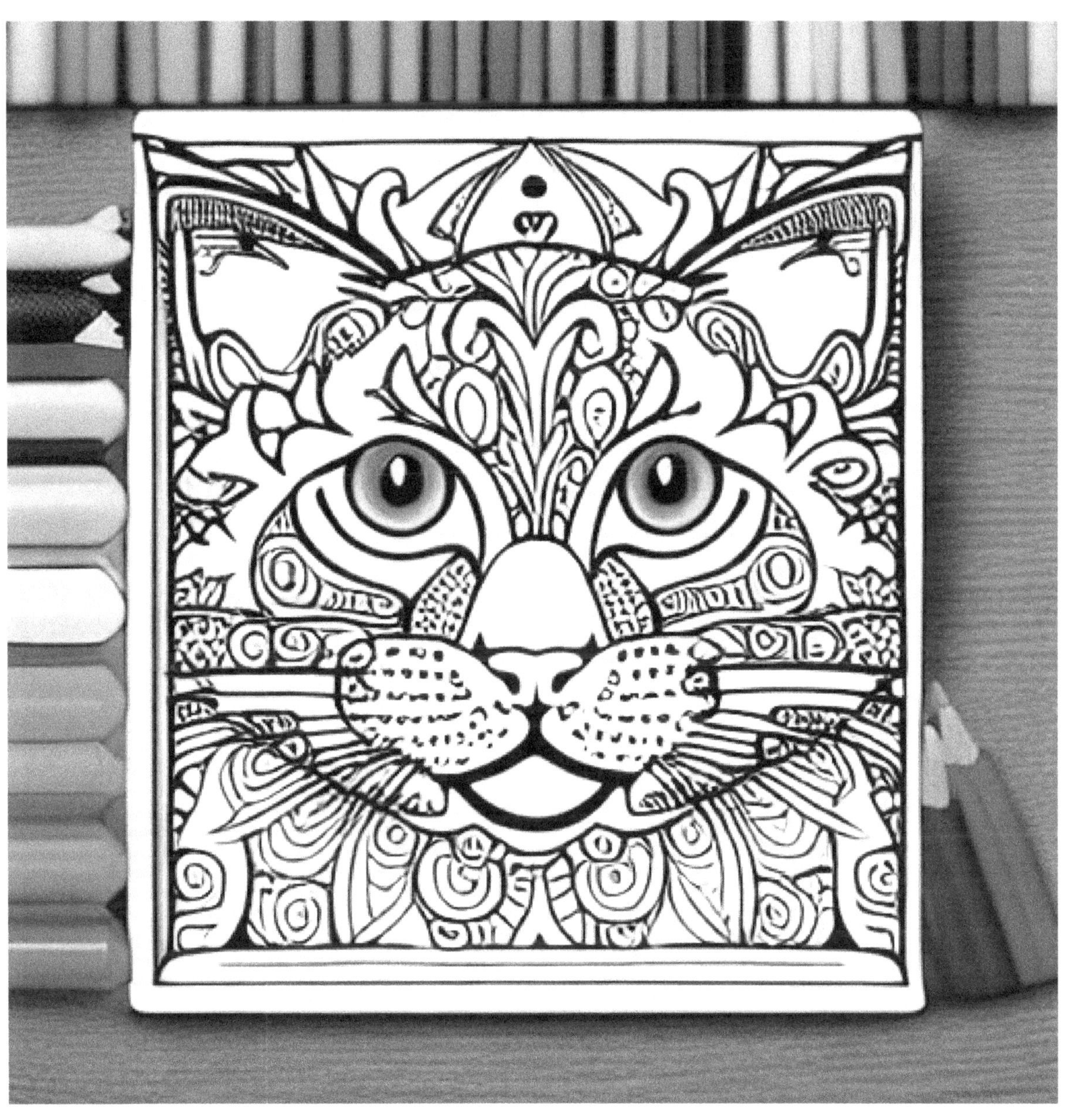

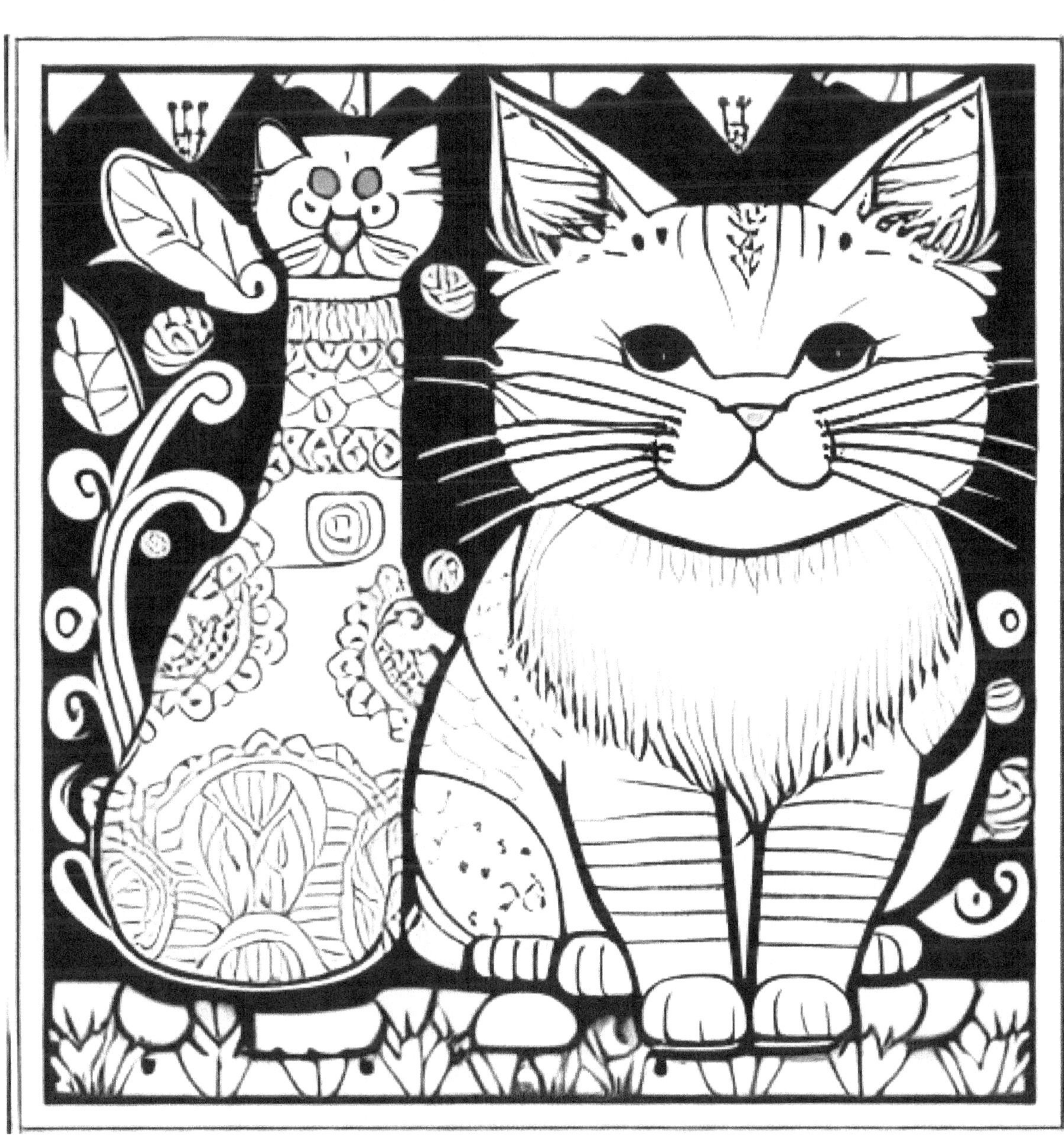

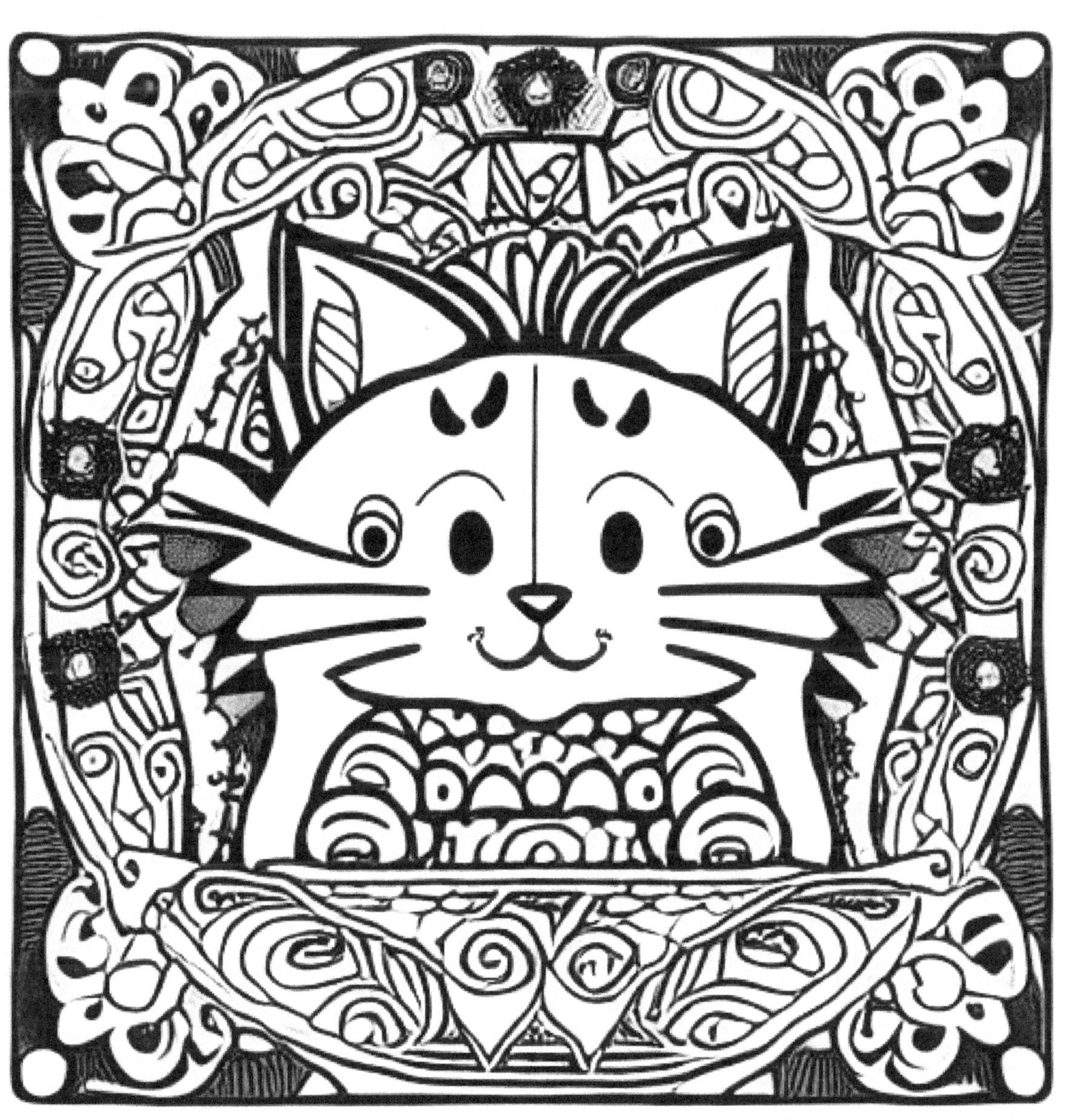

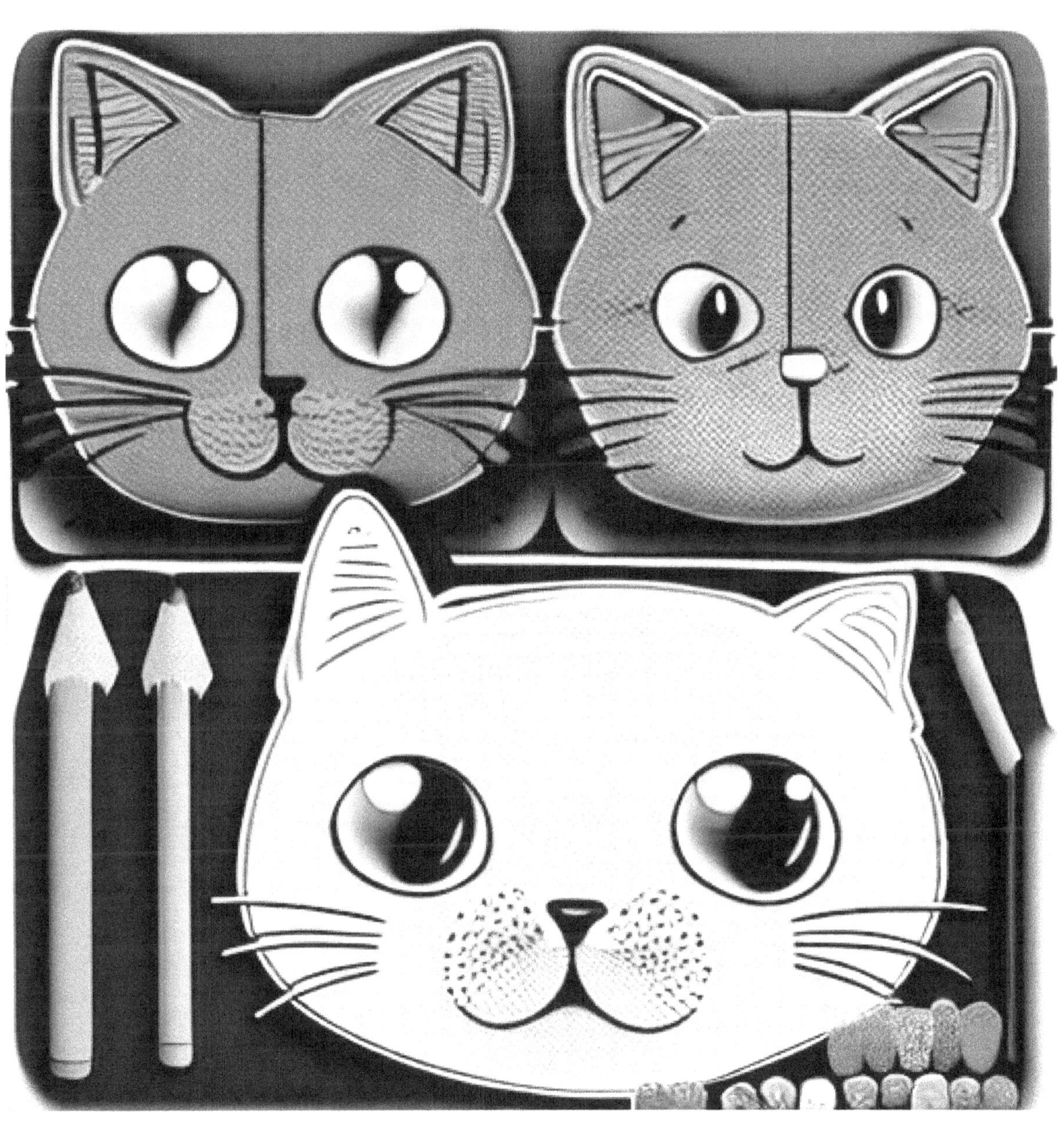

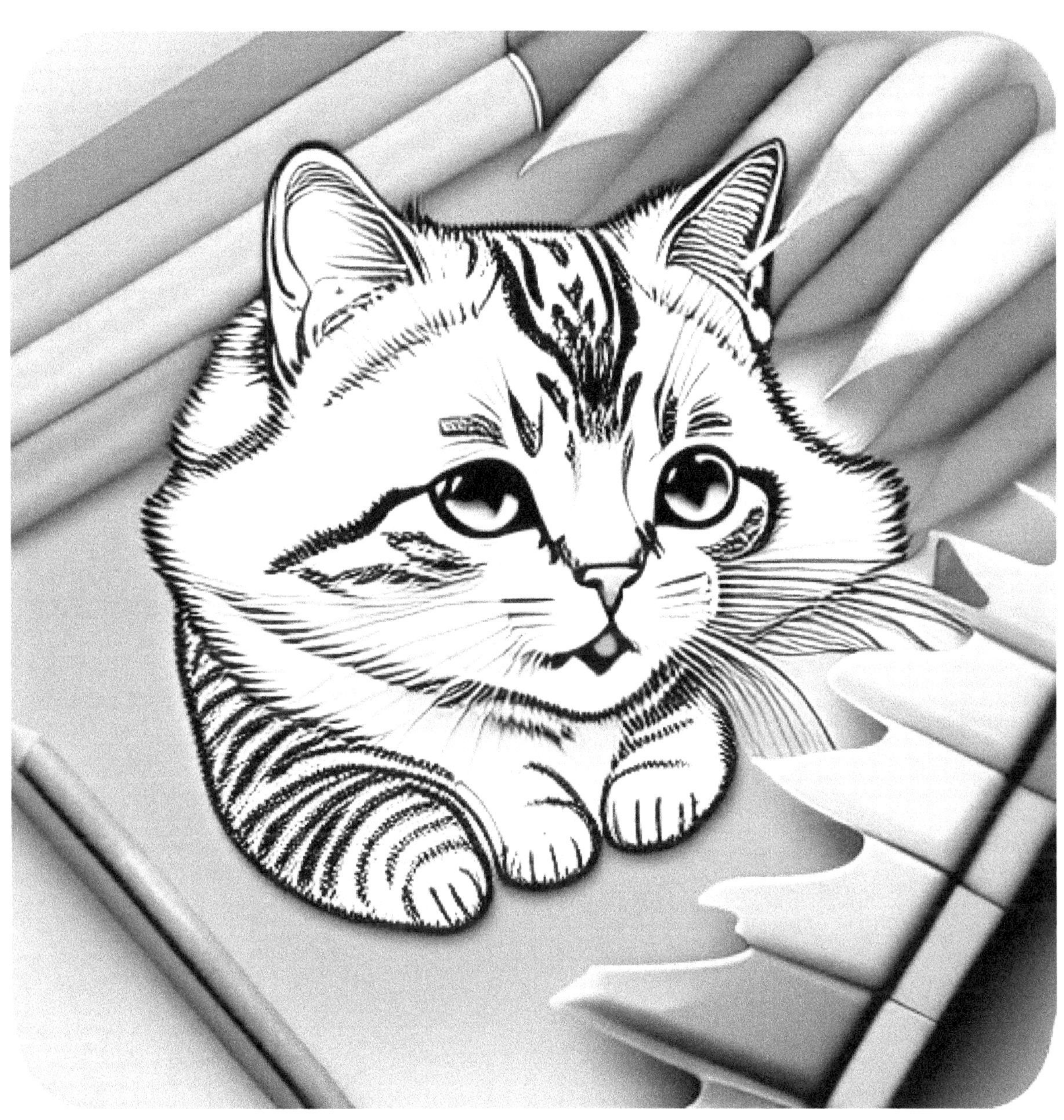

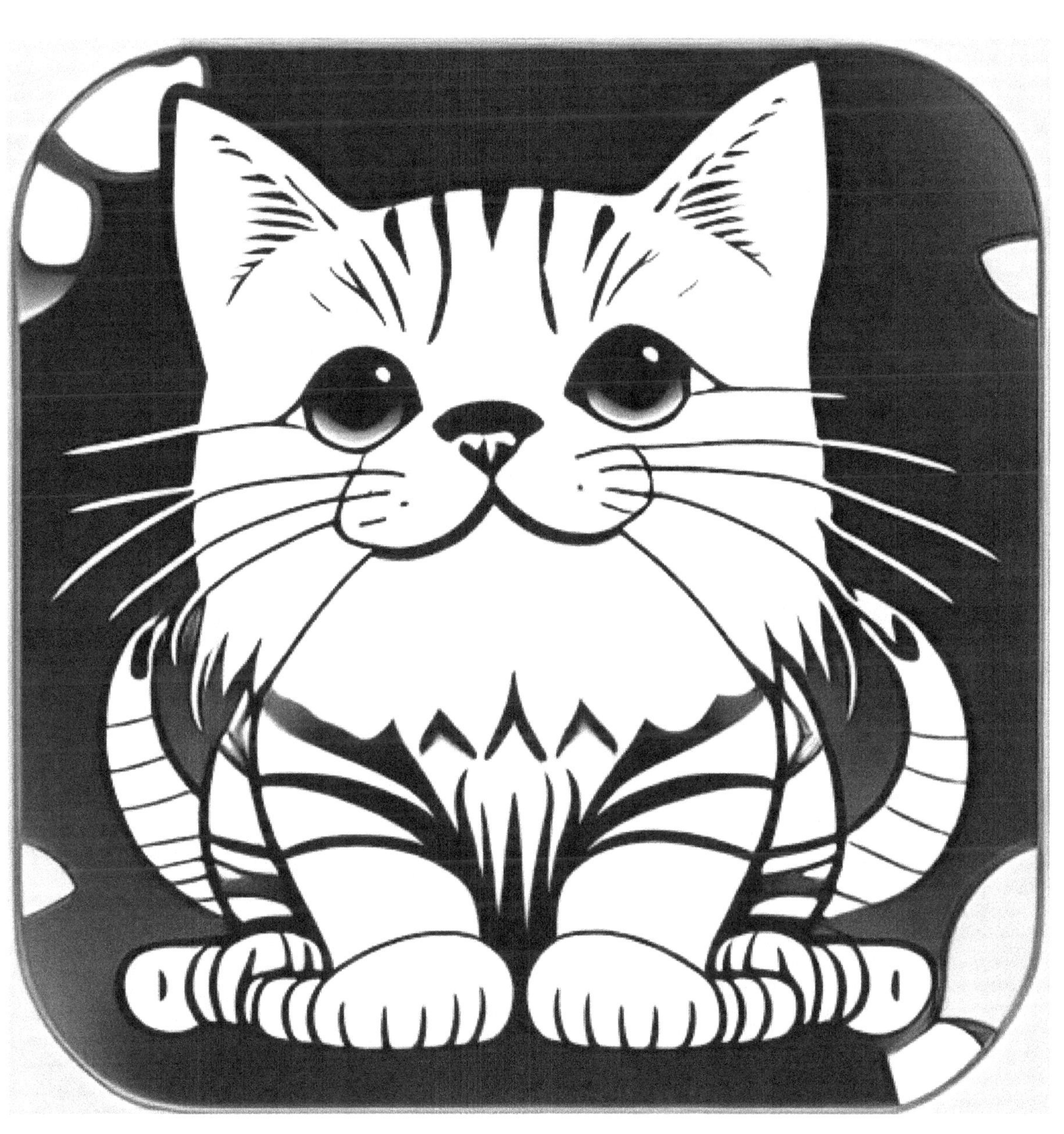

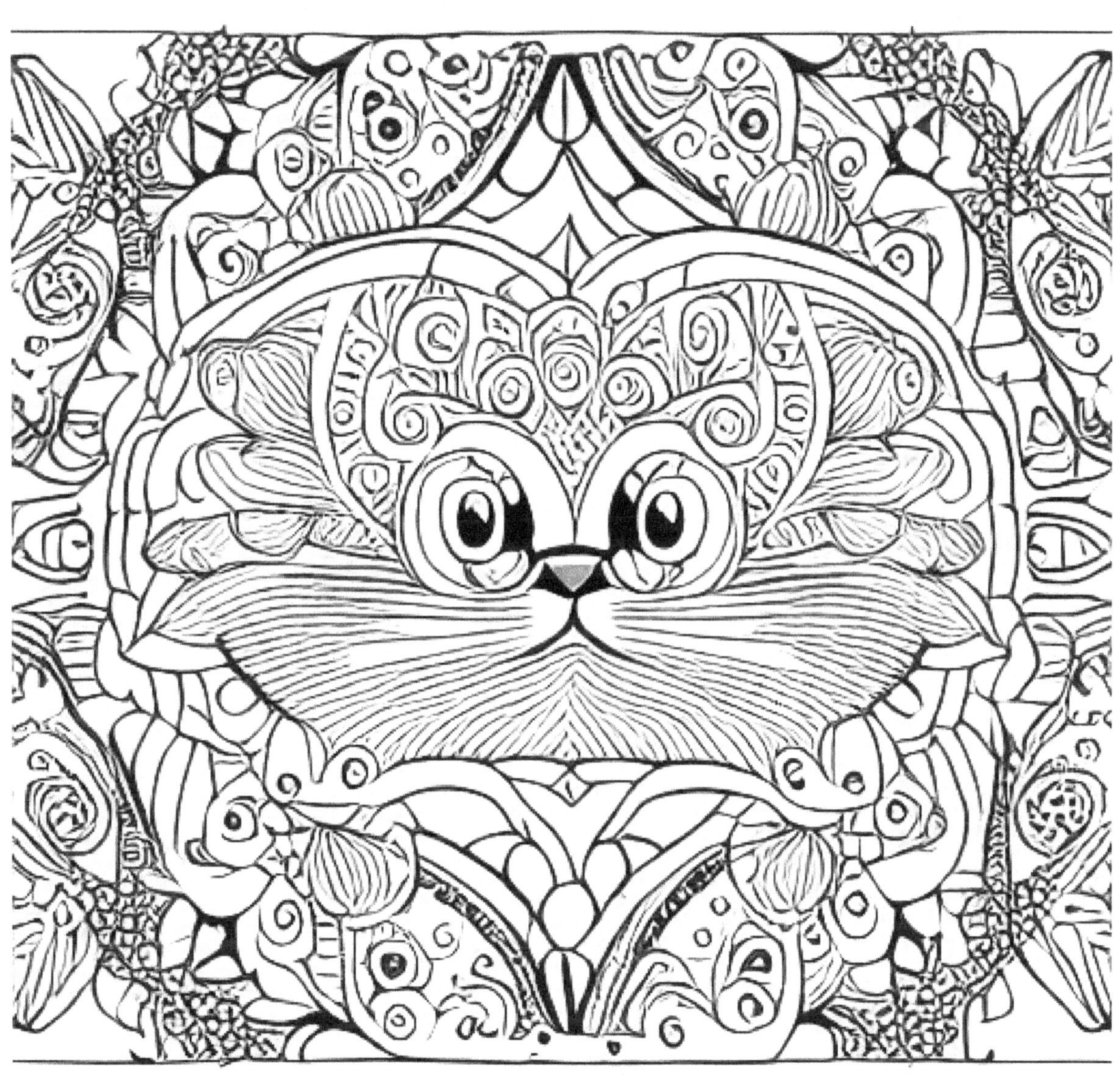

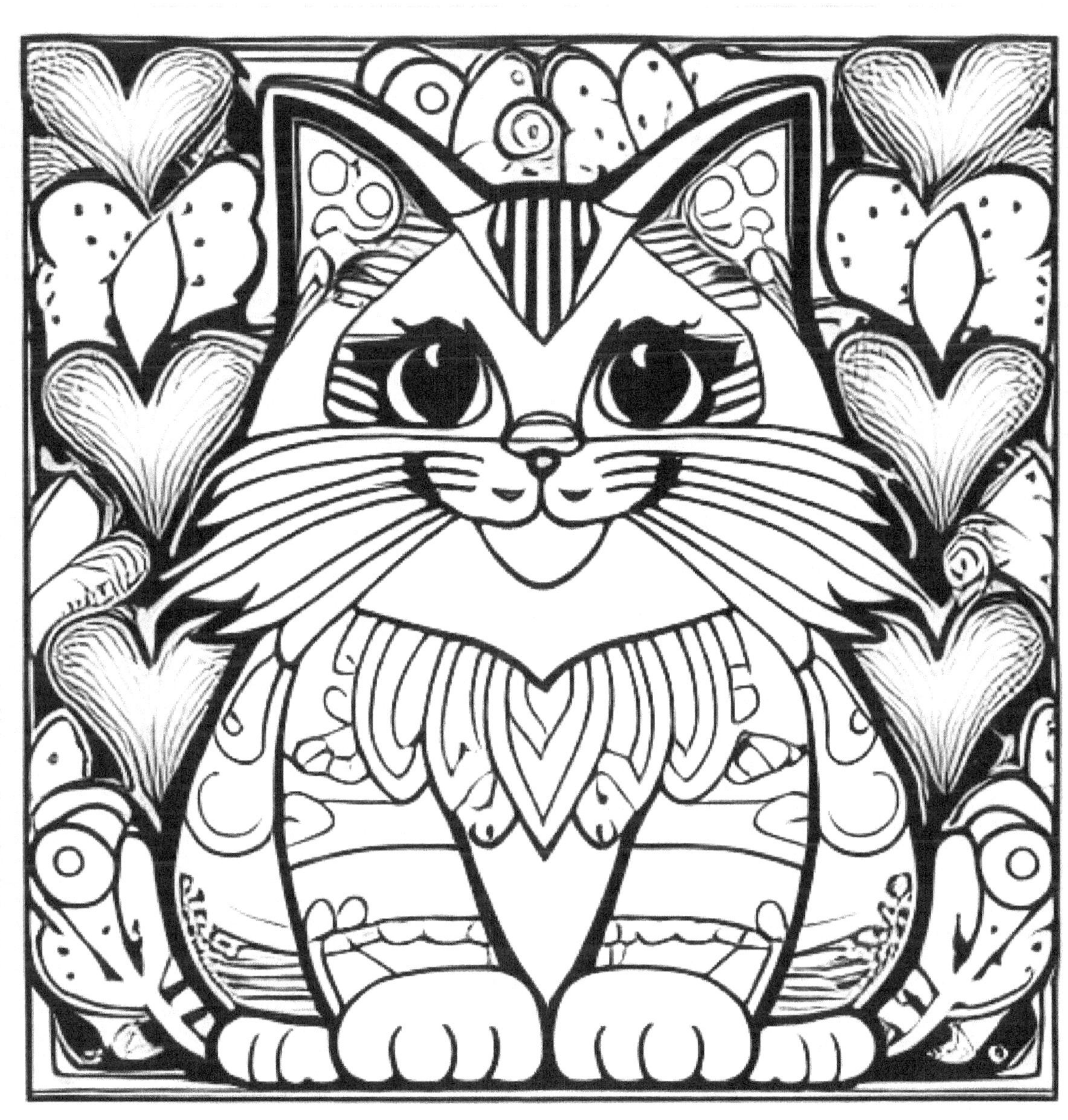

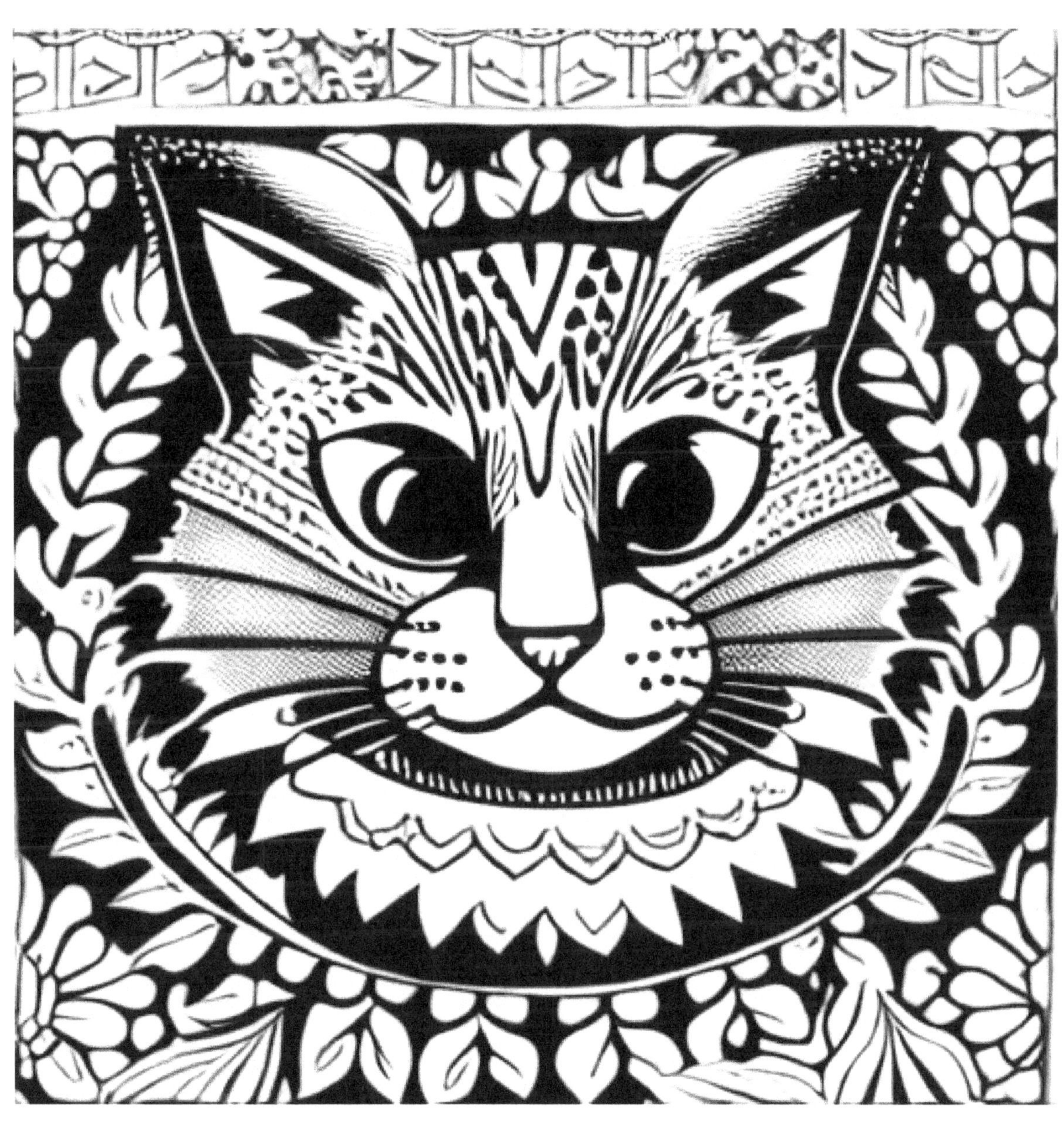

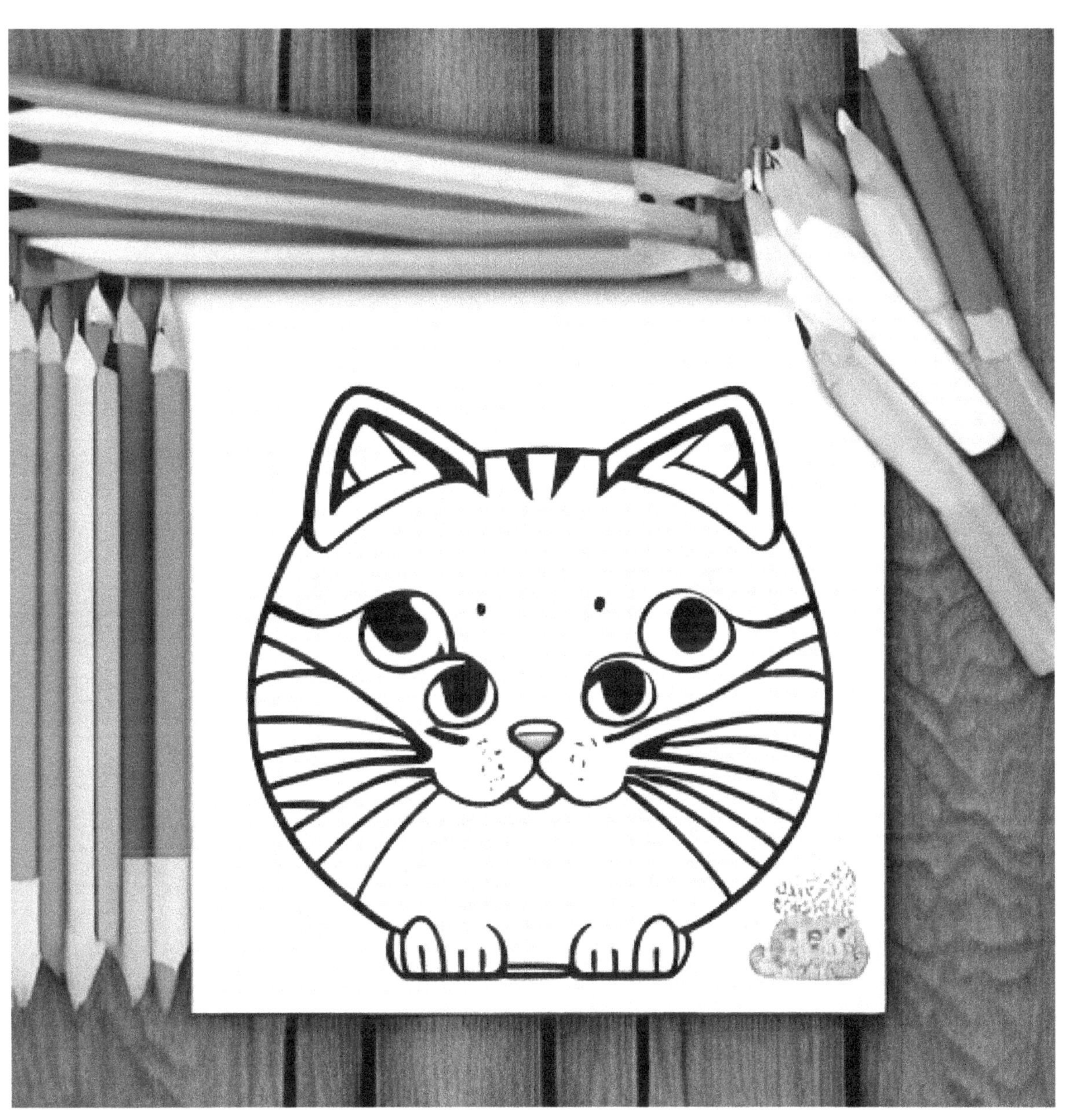

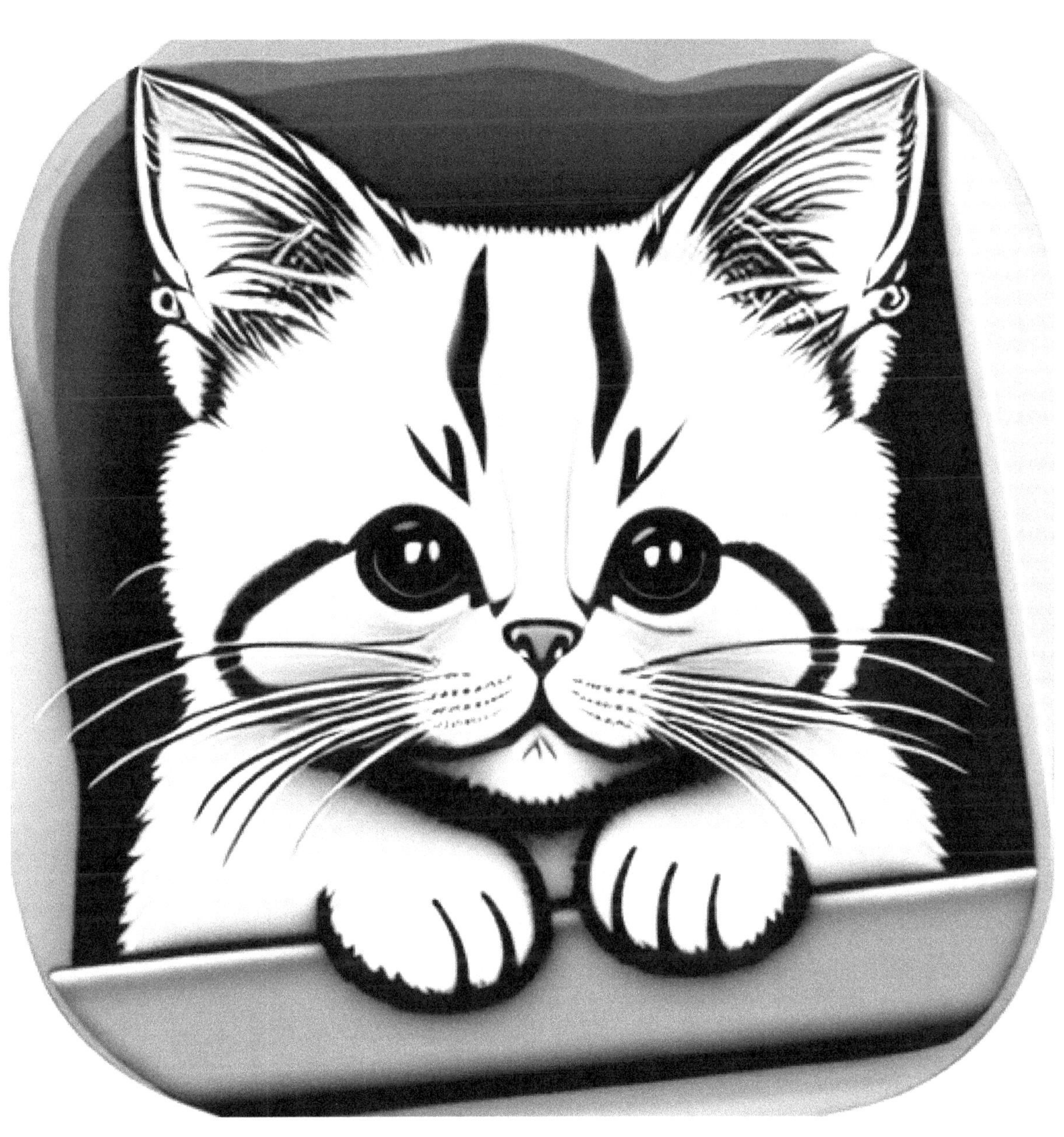

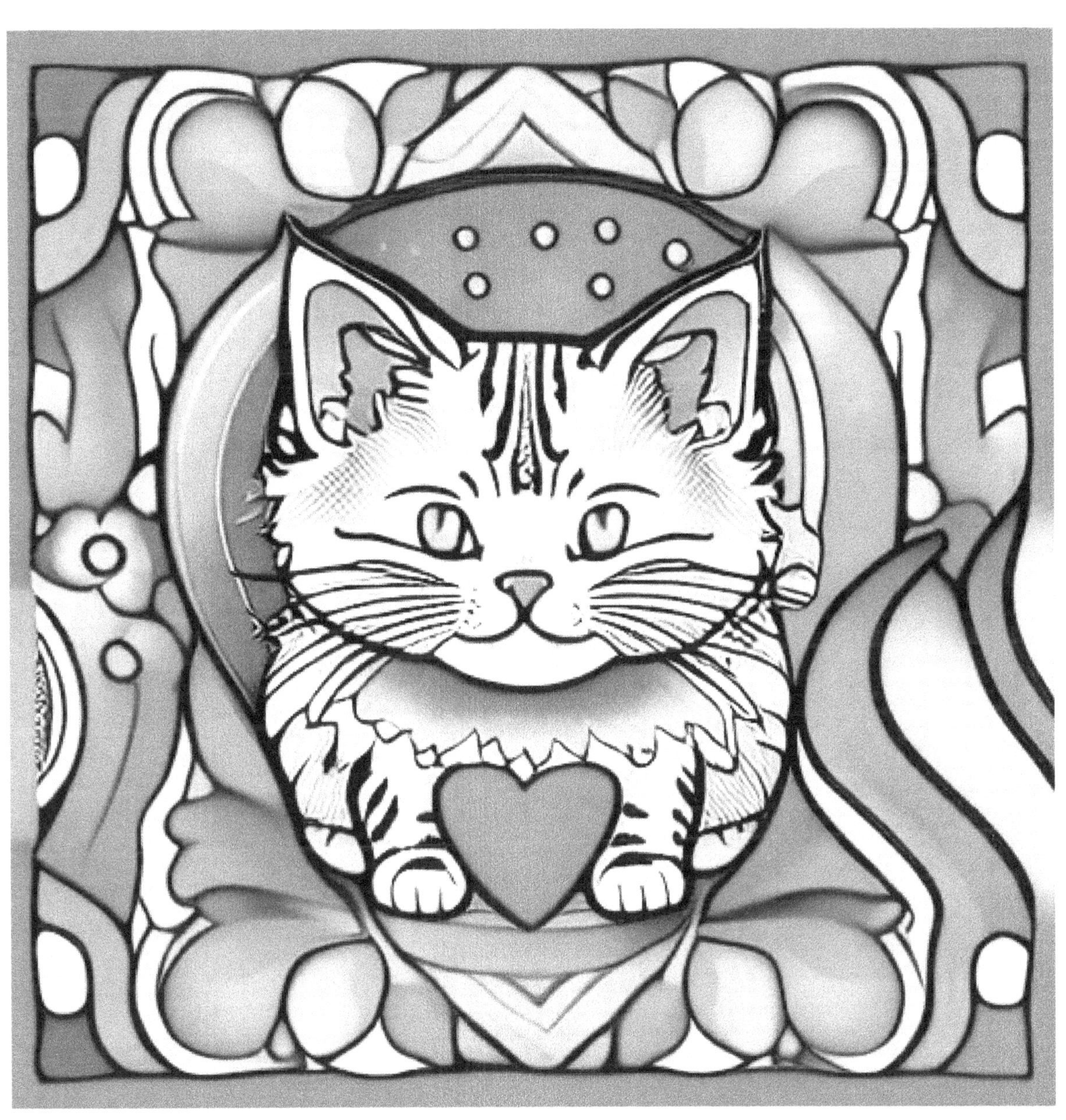

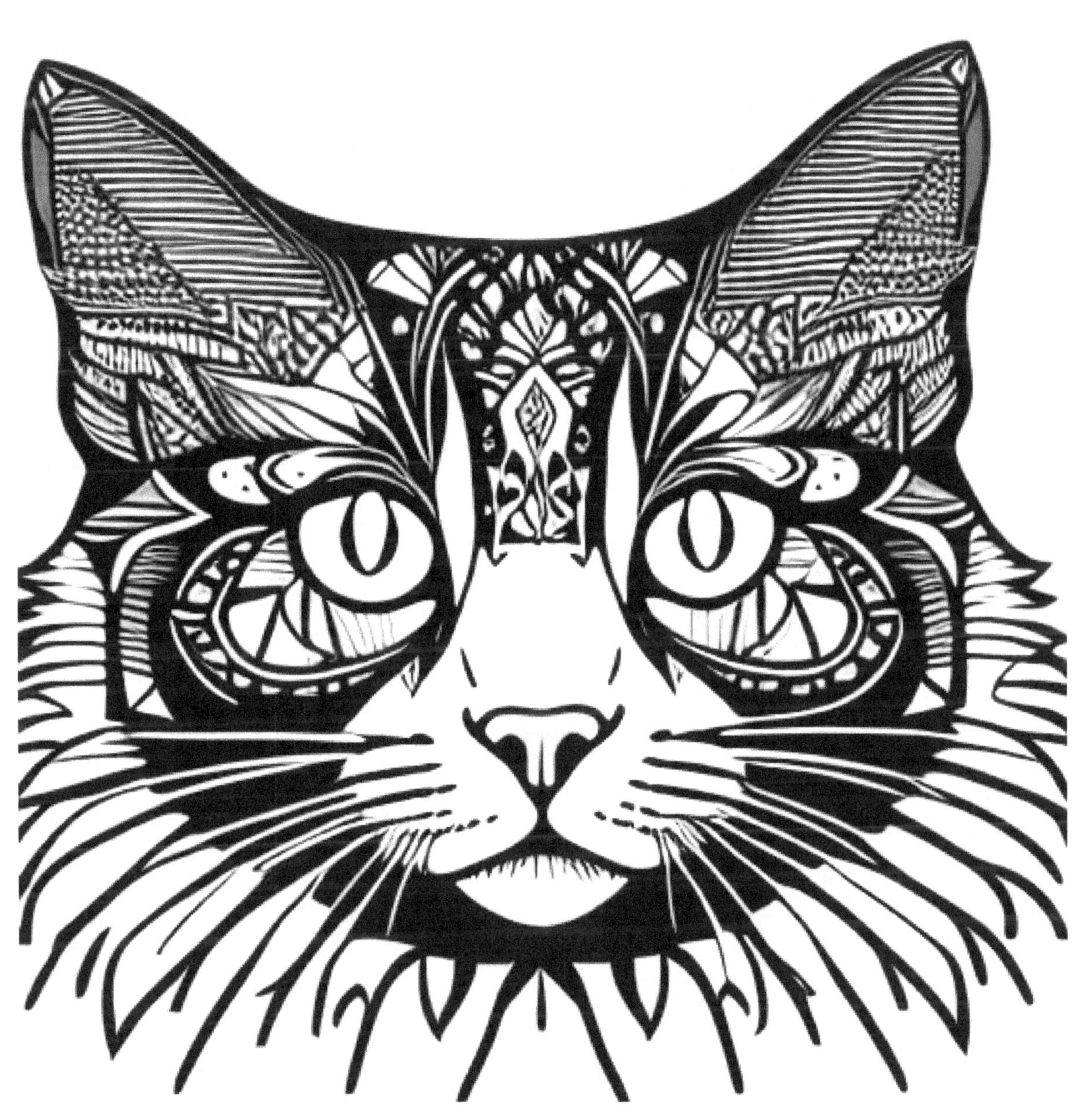

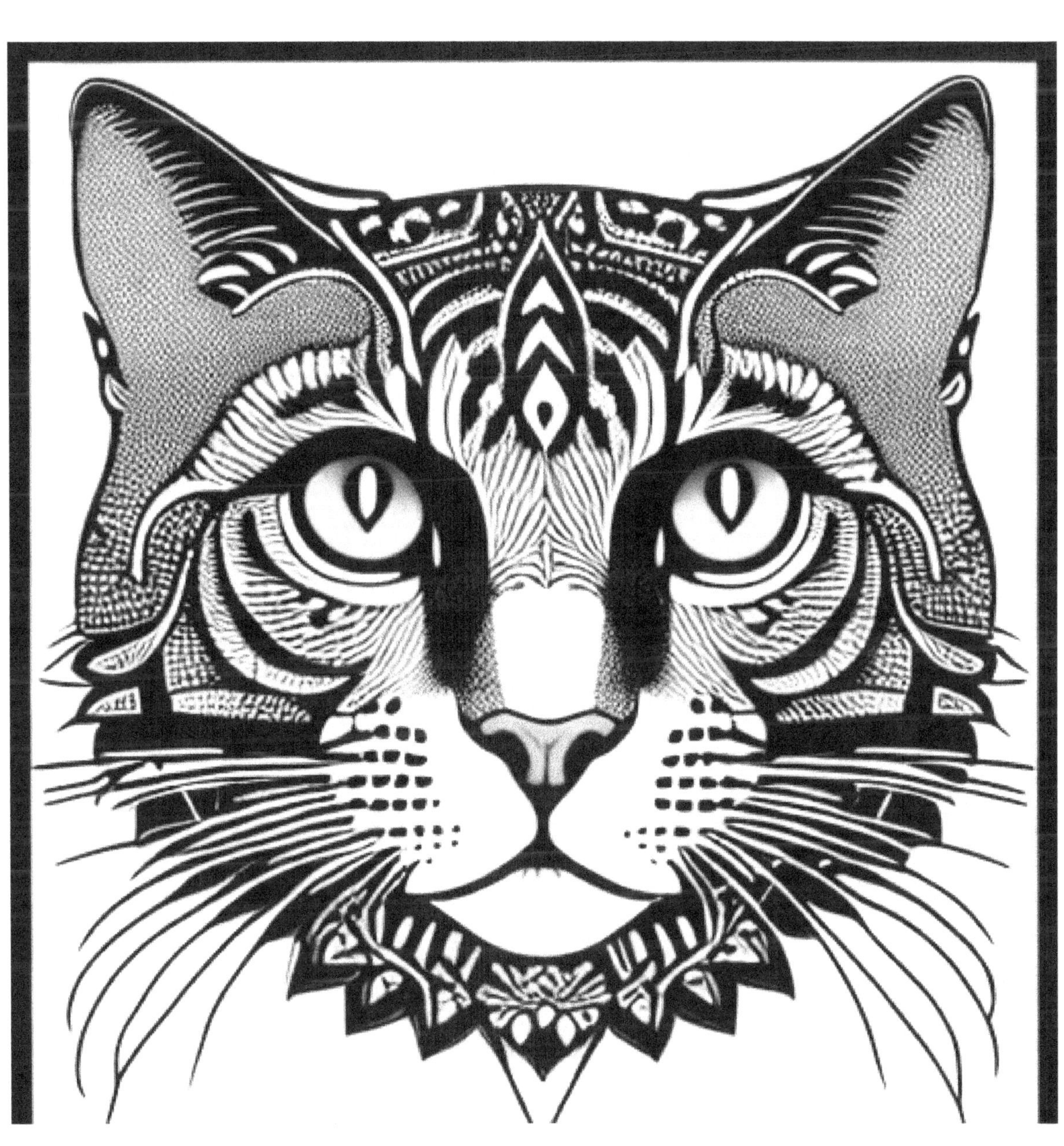

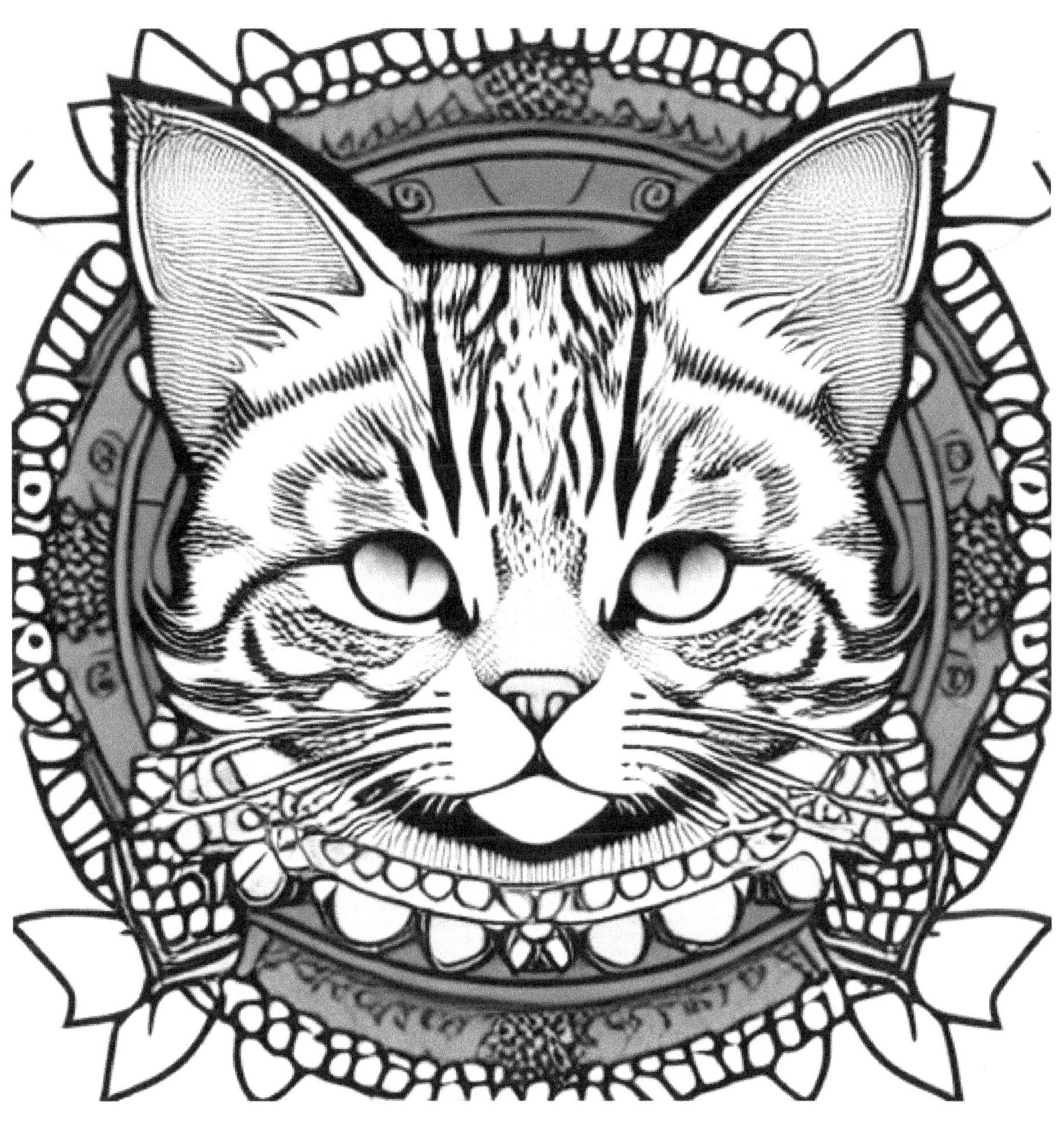

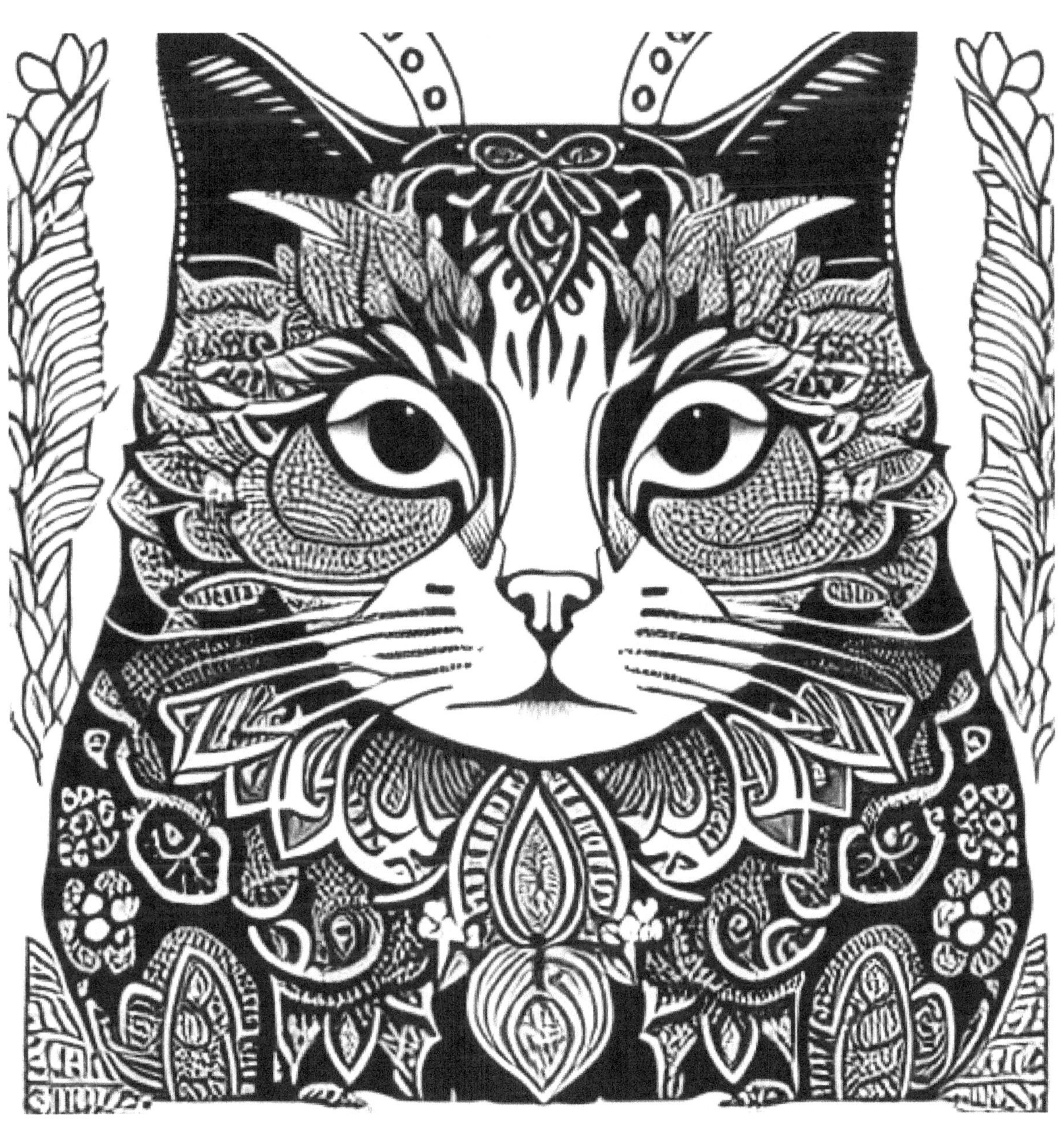

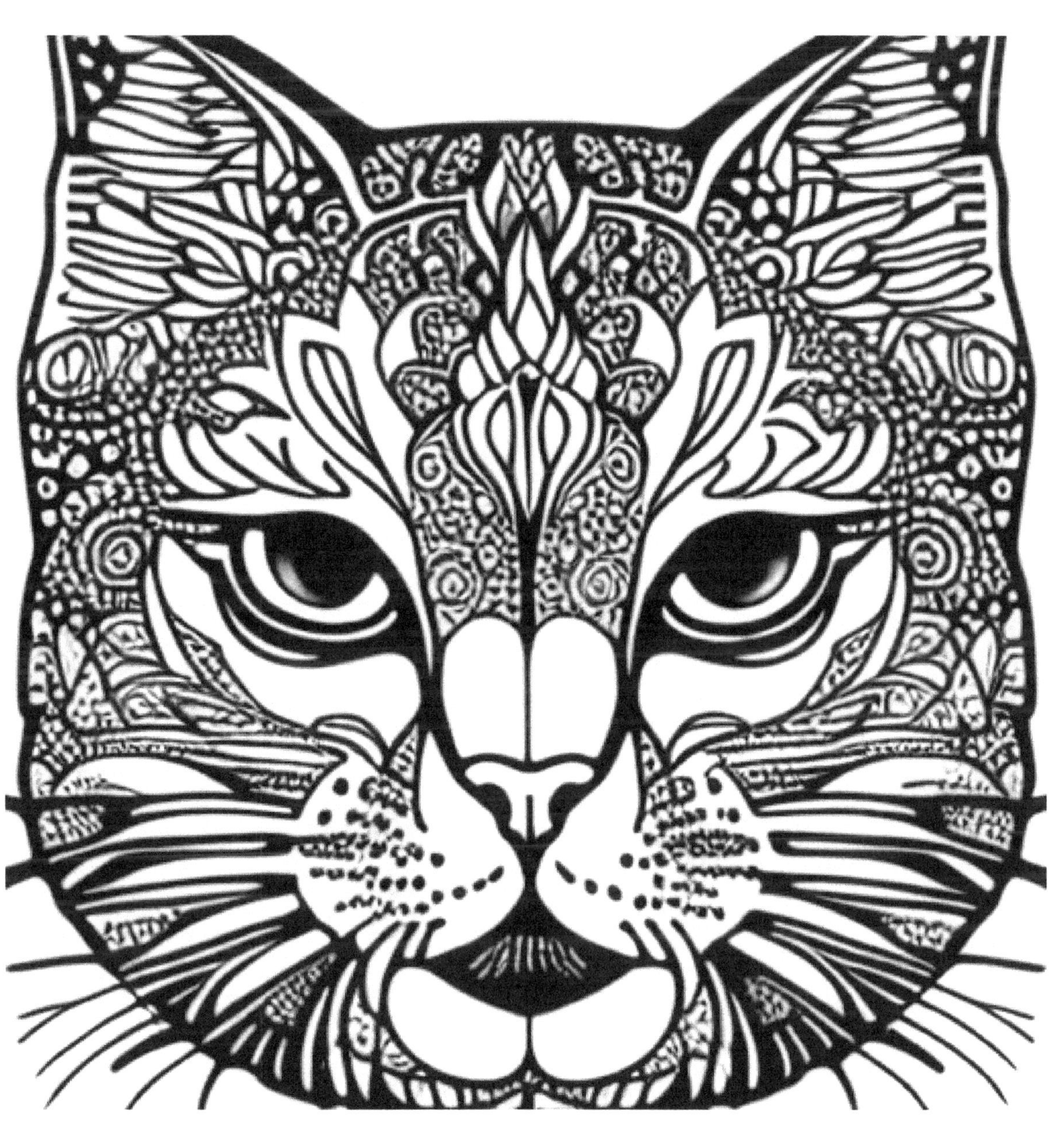